Smile 我能让你笑

快乐在身边

幽默是个技术活儿
能让人笑，是本领

赵广娜 著

华东师范大学出版社

图书在版编目（CIP）数据

我能让你笑：幽默是个技术活儿/赵广娜著.-上海：华东师范大学出版社，2012.9
ISBN 978-7-5617-9963-5
Ⅰ.①我… Ⅱ.①赵… Ⅲ.幽默（美学）－语言艺术－通俗读物 Ⅳ.①H019-49

中国版本图书馆CIP数据核字（2012）第229638号

我能让你笑：幽默是个技术活儿

著　　者	赵广娜
策划编辑	新萌·林颖
责任编辑	彭呈军
项目编辑	刘　佳
审读编辑	张巍元
责任校对	邱红穗
装帧设计	多多设计
出版发行	华东师范大学出版社
社　　址	上海市中山北路3663号　邮编　200062
网　　址	www.ecnupress.com.cn
电　　话	021-60821666　行政传真　021-62572105
客服电话	021-62865537
邮购电话	021-62869887　地址　上海市中山北路3663号华东师范大学校内先锋路口
网　　店	http://ecnup.taobao.com
印 刷 者	深圳市永利达印刷有限公司
开　　本	720×960　16开
印　　张	18
字　　数	250千字
版　　次	2012年10月第一版
印　　次	2012年10月第一次
书　　号	ISBN 978-7-5617-9963-5
定　　价	32.00元
出 版 人	朱杰人

（如发现本版图书有印订质量问题，请寄回本社市场部调换或电话021-62865537联系）

PART 1　幽默的魔力　/ 001

　　幽默是世事洞明的智慧　/ 002
　　一句胜百句——幽默的正效果　/ 005
　　有幽默，人生就欢乐　/ 009
　　幽默的人肚里能"撑船"　/ 012
　　小幽默助你"大交际"　/ 016
　　幽默能够带来好运气　/ 019

PART 2　玩转文字：妙语生幽默　/ 023

　　说好话中话：一语双关，一石二鸟　/ 024
　　一词多义的幽默：善用文字里的"多胞胎"/ 027
　　给幽默"点睛"：适时停顿，言尽意不尽　/ 030
　　"人为"制造巧合的幽默：谐音同指的妙用　/ 033
　　掐头去尾幽默法：荒谬断章，取君所需　/ 036

PART 3　出其不意：意外的幽默　/ 041

　　有创意的幽默让人眼前一亮　/ 042
　　明贬实褒：意外的"批判"更具赞美效果　/ 045
　　正面的话不妨反过来说：反衬的幽默艺术　/ 049
　　指东打西，转移视线：打"游击战"式的幽默：/ 053

PART 4　歪解一下：变通显幽默 / 057

　　巧妙歪解：理儿不歪笑话不来 / 058
　　将"错误"进行到底 / 062
　　言语的"调包计"：偷换概念生幽默 / 066
　　移花接木，答非所问：另类幽默法 / 069

PART 5　逻辑不通：矛盾亦幽默 / 073

　　故意颠倒黑白，荒诞不经也生笑 / 074
　　运用反差带来"顿跌生趣"的强效 / 077
　　"捏造事实"：张冠李戴幽默法 / 081
　　绕弯巧解：把"压轴题"放到最后 / 084
　　学会自嘲，真正的幽默是反躬自笑 / 087

PART 6　依样画瓢：模仿造幽默 / 091

　　幽默中的太极拳：以眼还眼，以牙还牙 / 092
　　"高射炮打蚊子"：大词小用的幽默 / 096
　　幽默的铺垫：铺平垫稳，以假乱真 / 100
　　好风借好力：因势利导秀幽默 / 104
　　当幽默遇上比喻 / 108

| PART 7 | 日常交往的幽默式 / 113 |

  初次见面，用幽默来拉近彼此间的距离 / 114
  真诚的幽默可以加深朋友间的感情 / 118
  幽默让人更容易接受赞美和拒绝 / 122
  用幽默突破"困境" / 126
  用幽默拿别人"开涮"要以尊重为前提 / 130
  批评、劝导别人时，可偶尔耍耍幽默 / 134
  激励中加点幽默更能深入人心 / 138

| PART 8 | 游走职场的幽默式 / 143 |

  面试时的幽默为你赢得更多机会 / 144
  在建议中加点幽默，上司会更乐意接受 / 149
  以幽默来管理下属，"笑"果会更好 / 153
  和同事一起分享幽默，你将更受欢迎 / 157
  把幽默用于推销，往往能够让你出奇制胜 / 161
  关键时刻，用幽默为尴尬者打圆场 / 165
  幽默地拍拍马，可让对方心花怒放 / 169

| PART 9 | 恋爱调情的幽默式 / 173 |

  幽默搭讪，刻意制造与异性接触的机会 / 174
  幽默表白，让你的求爱更显浪漫 / 178
  幽默拒爱，让对方在笑声中感受到你的魅力 / 182
  紧要关头，巧用幽默来化解恋爱矛盾 / 186
  经常拨动幽默这根弦，让你的恋曲更和谐 / 190
  面对分手，一句小幽默往往能够扭转局面 / 194
  向心上人道歉，运用幽默更有效 / 199

PART 10　**婚姻常青的幽默式** / 203

　　嫁人就嫁"灰太狼"，因为他幽默 / 204
　　面对伴侣的不满，用幽默反击最得力 / 208
　　幽默式策略让你的婚姻处于最佳状态 / 212
　　一句幽默话能让感情即刻升华 / 216
　　加点幽默，醋意在笑声中烟消云散 / 221
　　用幽默搞定"烧钱老婆" / 225

PART 11　**情绪调适的幽默式** / 229

　　幽默是缓解生活压力的给力良方 / 230
　　从容面对烦心事，幽默最管用 / 234
　　幽默是消除紧张空气的"排气阀" / 238
　　幽默的自嘲能改变不良情绪 / 242
　　幽默是减轻痛苦的最佳武器 / 246
　　幽默可以缓解心理疲劳 / 250

PART 12　**演讲谈判的幽默式** / 255

　　幽默的开场白，最能抓住观众的心 / 256
　　幽默的结尾，让你的演讲锦上添花 / 260
　　临场突遭意外，可用幽默解围 / 263
　　用幽默营造谈判前的友好气氛 / 267
　　用幽默抗议对方的不合理要求 / 271
　　巧用幽默能掌握主动权 / 275
　　用幽默回击对方的刁难和攻击 / 279

Smile happily

PART 1
幽默的魔力

让生活不再苦闷，让交际再无障碍，让职场愈发得意，让情场充满欢愉！

Smile happily

幽默是世事洞明的智慧

【幽默你世界】

生活中总少不了一些客套话,可能这些话并不是你发自内心的,但是生活中要是少了它们,往往会令你陷入困境。

譬如,有个人告诉你:"我昨天买了一条新裙子,看,就是我现在穿的这条!"可能你并不觉得她的裙子有多么漂亮,甚至觉得很俗气,但你若是直接这样说,总是不合适的。实际上她并不是要求你提出多么专业和正确的评论,她只是渴望自己的选择得到他人的认同。所以,你不妨这样赞美她说:"怪不得一见到你就觉得你今天格外漂亮,跟你说话,眼睛都不由得瞟向你的裙子,我都快成斜视眼了。"

幽默与滑稽是不同的,滑稽通常是为了开玩笑而开玩笑,有哗众取宠的"嫌疑",甚至可能带有不恭的意味。而幽默则是一种对生活的态度,是一种咀嚼过人生酸甜苦辣后的智慧。因此我们可以毫不夸张地说,幽默体现的是一种智慧,是一个人的灵感、学识在语言表达时的闪现。

智慧从何而来?知识的积累,那还不叫智慧,充其量只是博学而已;知而后行才会有智慧。"世事洞明皆学问,人情练达即文章",没有丰富阅历的锻造,任何人都不可能具有那种世事洞明的智慧和宽阔似海的胸襟。

我们知道，禅宗最讲究悟道，悟道的禅师在开启弟子智慧之门时也喜欢通过幽默来引导。

唐朝马祖禅师的弟子到另外一位禅师处谈到马祖的禅法时，禅师指着一堆薪柴说："马祖的禅法像那堆薪柴吗？"弟子不明其意，以为他在侮辱师父，于是就不服气地把话带回来。马祖说："孩子，禅师所指的薪柴有没有厨房那一堆大？"弟子说差不多。马祖笑着说："你真有力气，把那么大的一堆薪柴给扛回来了。"

禅师很幽默，但弟子却没有开悟，不解其中之意。其实，马祖并不在乎那位禅师是夸奖自己还是批评自己，而弟子却把这件事看得很重，因此从禅师处到马祖处，一直把这个问题放在心上。在马祖看来，弟子就是背着那个"大柴垛"，当然不是身体上背着，而是心理上背着。这则幽默的背后是马祖禅师对世界和事理的深刻体悟，他的大智大慧使他拥有看透大千世界、超脱凡俗泥淖的能力。

懂得幽默的人通常是拥有大智慧的人，譬如黄永玉老先生。黄永玉先生的画画得好，像《从塞纳河到翡冷翠》《黄永玉大画水浒》等都是很不错的画作。除了这些稀世画作，黄老先生还留下了很多充满智慧的札记文集，比如《罐斋杂记》就是一些关于动物的短札，读起来风趣又让人回味无穷。

如蛇的自白："据说道路是曲折的，所以我有一副柔软的身体。""道路是曲折的，前途是光明的。"这本是一些能鼓舞人心的话语，看来蛇也懂得它，且有着游行于这曲折道路间特有的优越条件。

再如蜘蛛的得意："在我的上层建筑上，有许多疏忽者的躯壳。"蜘蛛用几乎透明的蛛丝织成一片大网，高悬屋角树梢，它端居其中，让疏忽者自投罗网，然后从容而残忍地加以收拾。这短短的自白，颇让人感到蜘蛛那点自鸣得意的霸气，同时也为那些"疏忽者"感到惋惜。

黄永玉的动物短札在表述上很有特点，短短十几个字，只限一句，精辟传神，很接近于时下流行的微博体；配以作者寥寥数笔即成的插图，真是相得益彰，于幽默处引人深思。

有些人是专门研究幽默的，比如相声演员们就是如此。他们把自己的精力和时间都用在了幽默上，以凝聚着智慧的幽默给人带来欢乐。比如相声泰斗马三立老师，就是一位典型的"幽默达人"。马老的幽默不是浓墨重彩的一个包袱接着一个包袱地抖，而是把细碎的生活万象进行巧妙的组合安排，看似无心，实则却是意味深长。

比如《逗你玩儿》是马老的代表作，在整个段子的表演中，马老用了很大的篇幅去叙述"逗你玩儿"和"小虎"套近乎的过程。两个人一来一往的对话，并非故意拖沓，如果你仔细听，就会发现每一句话其实都是在为两个人物后面发生的事进行铺垫。马老就是在这种极其普通的对话中，缓缓地把故事带入高潮。所以当小虎最后和他妈妈说"逗你玩儿"偷他家衣服的时候，观众捧腹大笑。而这个段子之所以能让人回味，主要原因就在于马老之前所作的那些铺垫，正是那些极其普通的对话，勾勒出了一个骗子鲜活的模样。这种幽默不是学来的，而是生活的浓缩，是智慧的延展。

总之，幽默犹如一个百花园，等待着人们去欣赏其中的艳丽与芬芳，又如一个披着面纱的少女，等待着心向往之的小伙子轻轻地走上前去……

一句胜百句——幽默的正效果

【幽默你世界】

很多时候,像《大话西游》中的说教不仅费时耗力,而且还会招人厌烦,而幽默则可以帮助你解决很多问题。

比如,你的邻居总是晚上很晚还在听广播,你可以对他说:"请把你的收音机借给我用一个晚上好吗?"他问你是否也喜欢晚间特别节目,你回答:"不,我只喜欢能够安安静静地睡上一觉。"

再比如,一个小青年把老人撞倒了却扬长而去,你可以喊住他:"你掉东西了。"等他回来寻找时,让他把老人扶起来,说:"你差点丢了你的道德,不过现在你找回来了。"

幽默不仅能为我们的生活增添情趣,起到锦上添花的作用,很多时候它还似一种高效的润滑剂,在一些场合里能突破用其他方法无法突破的限制。比如,有时我们劝说别人的话不适合直接说时,就不妨采用委婉的幽默方式。

一位老厨师在一个大户人家干了很多年了,他手艺很好,做事情也很有分寸,但是不知道为什么这些年从来没有得到过主人的称赞。

这天中午,老厨师为主人做了一道"单脚烤鸭"的菜,味道美极了,主人吃得津津有味,吃完后他问老厨师:"奇怪,这只烤鸭怎么只有一只脚呢?"老厨师回答道:"我们家养的鸭子都是一只脚的呀。"主人心想哪有这回事，于是就决定亲自去后院看个究竟。

中午时分，鸭子都在休息，所以都是一只脚站着的姿势。见此情形，主人笑了，拍着手大声吆喝，鸭子们受惊后，都纷纷放下脚来摇头摆臀地跑开了。主人回头对着厨子说："哪来的单脚鸭？你看看，它们不都是两只脚吗？"

老厨师不慌不忙地说："原来是一只脚的，不过您给它掌声，它就变成两只脚了！"主人听出厨师话中有话，以后对他的菜品总是赞不绝口，还时不时送一些小物件作为奖励。*

你看，很简单的一句"鸭子一只脚"，就把这位吝于夸奖别人的主人给点醒了，这就是幽默的效果。

幽默不但能让你得到你想要的，在必要的时候也可以让你推辞掉你不想要的。

有个宫廷小丑，一次不小心得罪了国王，国王非常恼怒，下令将其处死。他的同伴求情，希望国王能够饶过这个为其带来过无数欢笑的人。国王有些心软了，让小丑选择如何死。小丑回答说："陛下，如果您不反对的话，我愿意老死。"国王听后不禁笑了，就放过了小丑。

毋庸置疑，小丑以幽默的方式很巧妙地挽救了自己的性命。对于这位小丑来说，恐怕在其一生中所创造的幽默都没有这个幽默的效果好。之所以如此，除了幽默本身，还因为它的出现是在最适合、最关键的时候。

幽默在很多严肃的场合也是很有用的。比如，在家庭教育过程中，有的家长拍桌子摔凳子，吹胡子瞪眼；有的家长心平气和，把道理掰开揉碎地讲来讲去；也有的家长风趣幽默，让孩子在幽默中领会。不同的教育方式产生的效果大不相同：高压下教育的孩子只在嘴上说"是"，心里不服；"道理"家长日子久了会让孩子感到厌烦；只有幽默才能让

---

*摘编自憨氏编著《用幽默化解困境》，呼和浩特：内蒙古文化出版社．2005年

教育在孩子心里扎根。

所以说，幽默是家长与孩子沟通的有效方式。在教育孩子时，家长不妨幽默一点，让孩子在笑的同时，自然而然地接受你的理念。

马先生读小学的儿子因为迷上了武侠小说，整天和小伙伴们打打杀杀的，很让人担心。一天，儿子和小伙伴一起又买了一支新式玩具手枪。看到家里已经有很多类似的玩具枪了，马先生觉得应该说点什么，当然他并没有对孩子没完没了地唠叨或者大声责骂，而是微笑着对他说："儿子，你的军费开支也太大了，现在是和平时期，你看美国都裁军了，咱们也减少点军费支出，如何？"儿子明白了爸爸的意思，于是像模像样地敬了个礼，说道："Yes, Sir."从此以后，儿子再买什么玩具时都会先考虑考虑，还主动和父母商量。

由此可见，父母多一分幽默，子女就会多一分笑声，多一分欢乐，多一分力量。幽默不仅能消除父母与子女之间人为的紧张情绪，而且可以让子女在笑声中健康身心，达到寓教于乐的目的。

此外，幽默的教育可以在家中营造一种轻松欢乐、自由自在的气氛，这样的家庭，父母与孩子的关系必然也是亲密和谐的。在家庭教育中，幽默不仅是一种手段，实际上它还能造就孩子乐观开朗的精神。

当然，不仅家长的幽默教育很重要，老师的幽默教育也很重要。据网上的一份调查报告显示，百分之九十的中小学生都喜欢"幽默风趣，学识渊博"的老师，可见幽默教育对老师来说是多么的重要。

很多老师也认为，用"笑"来刺激学生的学习热情，效果是好的。

一位语文老师在讲《师说》时，介绍作者韩愈的生平，他没有简单直接地讲：韩愈25岁时才登进士第，又经过许多挫折，才得到"试校书郎"这样一个九品小官，其后又屡遭排挤贬斥，直到晚年才做到正四品"吏部侍郎"。他是这样介绍的："七品为芝麻官，九品呢，只能是菜籽官吧，四品呢，大概是蚕豆官了。"学生都笑了。这位教师接着又转入话题："从菜籽官的渺小而到蚕豆官的伟大，韩愈的提干道路是艰难的、曲折的，但他却始终坚持原则。他曾于灾年为民请命而被贬，还曾因反对皇帝迎佛骨而几乎被处死。但是当时也盛行血统论，'官二代'、'富二代'们不用努力就可以做大官，出身低贱者学习再努力也会受抑制而难出头，这样，社会上'读书无用论'就甚嚣尘上了。而韩愈的《师说》就是奋起讨伐这股害国害民的逆流的战斗檄文。"*

这位教师用现代的幽默语言来介绍，并且和实际生活有很多联系，因此让学生们很感兴趣，为后面顺利学习这篇课文打下了良好的心理基础。

著名教育家斯特洛夫评价说："教育家最主要的、也是第一位的助手便是幽默。"实际中，幽默的教师往往会比一般教师更具有亲和力，更容易得到学生的欢迎和亲近。

总之，运用幽默来劝解、教育别人，往往能够创造出一种宽松、和谐的氛围，达到一句胜百句的好效果。所以生活中我们要学会幽默，以幽默的方式轻松地与人沟通。

*摘编自李德忠等文《浅谈教师的幽默艺术》

有幽默，人生就欢乐

【幽默你世界】

幽默要在合情合理的前提下，引人发笑，给人启迪，这就要求人具有一定的素质和修养水平。

比如，两个人冷战不说话了，如果你说："你看世界上的冷战都结束了，我们俩的冷战是不是也可以松动一下？"对方此时决不会无动于衷的。

再比如，你惹女朋友不高兴了，你可以说："瞧你的脸拉那么长，天有阴晴，月有圆缺，这么长时间过去了，月儿也该圆了呀！"相信她听了之后很快就会"多云转晴"的。

遇到了不太开心的事情，你或许会懊恼，会发脾气，其实，除此以外，你还可以选择幽默的方式。

某人在酒吧里点了一杯啤酒，当啤酒端上来时，却发现上面漂着一只苍蝇。此时此刻，他会选择什么样的方式向服务员陈述这个事实？

遭遇到这个情景，英国人会很绅士地说："请换一杯啤酒。"法国人觉得这太不妙了，直接将其倾倒一空。西班牙人就不会喝它，只留下钞票，不声不响地离开餐厅。日本人会叫来酒吧的经理，很严肃地说道："你们就是这样做生意的吗？"阿拉伯人会把侍者叫过来说："来，我请你喝。"而美国人则会说："以后把啤酒和苍蝇分别放置，让喜欢苍蝇的顾客自己加,可以吗?"*

这个场景让我们看到了什么是幽默。的确,就像上面的美国人那样,博得众人一笑,同时也委婉地表达出了自己的不满。

当然,幽默不单单能表达不满,生活中,我们常常可以看到,双方在争论激烈、剑拔弩张之时,由于某个人的一两句幽默的话语,结果使得争执的双方哑然失笑,从而化干戈为玉帛;在一个死气沉沉、单调乏味的场合,因为某个人的幽默谈笑,沉寂局面被打破,从而营造出一种生动欢快的氛围。这些幽默的制造者常常会格外受人欢迎,因为他不仅给大家带来了欢乐,并且还帮助大家解决了问题,有时候甚至还可以帮人"治疗"一些特殊的病症。

一个老先生得了怪病,头痛,没有胃口,精神不振。他看了很多医生,也吃了很多药,就是不管用。一天,他听说来了一位名医,便前去看病。名医切脉后,给他开了一张方子,让老先生去按方抓药。老先生乐颠颠地来到中药铺,给卖药的师傅递上方子,还说这是名医给自己开的方子。可师傅接过方子一看,竟然哈哈大笑,说:"这哪是您吃的药啊!这方子是治妇科病的,名医肯定开错了。"一听此话,老先生赶忙回去找那位名医,但是名医出诊了,要一个多月才能回来。无奈之下,老先生只好闷闷不乐地揣起方子回家了。

回家路上,老先生心想,这位名医也犯糊涂了,自己怎么会得了妇科病?想着想着禁不住哈哈大笑起来。自此以后,每当想起这件事,老先生就忍不住要笑。一个月后,名医回来了,老先生赶紧跑去找到名医,告诉他方子开错了。但出人意料的是,这位名医此时竟然笑着对老先生说是自己故意开错的,因为老先生的病是肝气郁结引起的,大笑才是最好的特效方。一听此话,老先生恍然大悟——怪不得这一个月来,自己总是笑,什么药也没吃,身体却好了。

*摘编自谢峰、刘邦民编著《即兴秀幽默》,贵阳:贵州人民出版社,2012年

你看，这位名医不愧是名医，把笑也当作药开给了病人，并且这个药方很是幽默，所以才能一直引起老先生的笑。

由此可见，就像吃药能治疗疾病一样，幽默也能获得这样的好效果，它总是能引起人的大笑，让人感到发自内心的快乐。

不仅在工作交际中需要幽默，在我们的家庭生活中，幽默同样不可或缺。

一对夫妻在激烈地争吵着，女人哭着说："这哪像个家，我再也不能在这样的家里生活下去了！"说完收拾行李，拎起皮箱就要走。见此情形，男人急了，追在后面喊："等等，你忘了带一件重要的行李。"女人问："什么行李？"丈夫说："我呀，你要走把我也带走吧。"丈夫一句幽默的话语，立刻缓和了夫妻之间的紧张气氛，使对方破涕为笑。

一对夫妻经济状况不太好，最近又遇上很多事情需要钱，因为钱的事情就发生了争吵。妻子骂丈夫没有用，说："你瞧，别的男人多会挣钱，可咱们家过的是什么日子？嫁给你真是鲜花插在牛粪上！"丈夫想，现在说什么都要吵架的，于是就采取了回避的办法，到外面兜了一圈后，回到门口风趣地说："尊敬的老婆大人，牛粪回来了！"妻子看着自己的男人也不禁笑了，就这样，一场"家庭战斗"悄然平息了。

可见，幽默是一门多么宝贵的艺术，它如同灭火器一般能熄灭家庭的战火，并且可以助你让窘迫、尴尬在欢笑声中消失。更重要的是，幽默可以使我们的生活更加欢乐。如果你能够成为这样一位传播欢乐的使者，你的人生不就少了许多遗憾吗？

幽默的人肚里能"撑船"

【幽默你世界】

当你自身的缺陷或处事方式无意间被朋友当作开玩笑的"料",心里难免会不爽,怎么办?跟他闹翻吗?太没有必要了,而且这样做也显得你不够大度。这时,你不妨巧用幽默来化解尴尬。

每每翻看一些征婚启事,我们经常会看到这样的话:"……欲寻求幽默风趣、有风度的人为伴侣……"由此不难看出,在日常生活中,幽默、有风度是很多人看重的品质,往往也是人们在寻找终身伴侣时的条件,因为和幽默的人生活在一起,平淡的日子也会充满欢笑,心里也会很舒坦。

的确,幽默与有风度有着密不可分的联系。一般来说,幽默的人是很有风度的。如果一个人小肚鸡肠,对什么事情都斤斤计较,整天想着鸡毛蒜皮的小恩小怨,他又怎么会有心情幽默呢?只有胸襟开阔的人才能够豁达面对所有的场合,不管是尴尬的还是紧张的,他总能够用自己的幽默智慧来化解矛盾。

美国第34任总统艾森豪威尔是个秃头,恰巧他的财政部长乔治·汉弗莱也是个秃头,两个人在任期间合作很愉快,私人关系也不错,可以说他们深厚的交情在两个人的初次见面时就打下了基础。第一次会见时,艾森豪威尔和乔治·汉弗莱亲切地握手并且说:"乔治,我注意到你梳头的方式完全和我一样。"每每回忆起此事，汉弗莱总会说他永远不会忘记艾森豪威尔那种随和幽默。

在日常生活中，一个头发浓密漂亮的男人，一般会比那些秃顶的男人更潇洒有气质。一个秃头谢顶的男人，外表看起来不美观，他的内心也会因此有自卑感。普通男人可能会因为自己的光头而觉得不好意思，而艾森豪威尔心胸坦荡，根本不把这些小事放在心上，在必要的时候还能借此幽默一把。

著名的前苏联将军乌戴特头发比较稀疏，在一次酒会上，一个士兵在敬酒时不小心将啤酒洒到了将军的头上，大家都停下了手中的动作，整个会场顿时鸦雀无声。这位犯错的士兵吓得魂不附体，等待着一场狂风暴雨的出现。然而将军此时却笑了笑，对正在发抖的士兵调侃道："傻小子，你以为这样就能治好我的秃头吗？谢谢你的好意。来，干一杯！"[*]

大家看，同样是面对自己的秃头，这位将军也用幽默化解了这个尴尬的局面，他的宽容和机智令人佩服。

人们都说小偷就像老鼠一样，过街时人人喊打，如果被逮到了现行，肯定是要"除"之而后快的，很少有人会宽容谅解，然而有些人却能对此幽默处理。

据说画家郑板桥年轻时家里很穷，他那时还没什么名气，字画也卖不了多少钱，虽说不是家徒四壁，可也没什么值钱的东西。

一天夜里，郑板桥昏昏欲睡，恍惚间看见窗纸上映出一个鬼鬼祟祟的人影，心想：一定是小偷光临了，我家没有什么值得你拿的呀，反正也没睡，不如和他逗逗闷子。于是他便高声吟起诗来："大风起兮月正昏，有劳君子到寒门。诗书腹内藏千卷，钱串床头没半根。"小偷一看自己被发现了，转身就溜。见此情形，郑板桥觉得还有必要交代一下路线，于是就又念了两句诗送行："出户休惊黄尾犬，越墙莫碍绿花盆。"

---

[*]摘编自《世界名人故事》，北京：京华出版社．2010年

岂料，小偷慌了神，不小心把几块墙砖碰落到地上，郑板桥家的黄狗发现了小偷，穷追不舍。于是郑板桥披衣出门，喝住黄狗，还把吓坏了的小偷扶起来，送出了自家大门，想了想又吟了两句诗："夜深费我披衣送，收拾雄心重作人。"经过这番经历，小偷深受教诲，决定从此洗心革面重新做人。

是人就难免犯错，有人喜欢对别人的错误穷追猛打，可这有时于人于己都没有什么益处。所以我们不如宽容对待，让其认识到错误并改正，如果采用郑板桥劝退小偷的幽默方式处理，说不定效果还不错。

幽默不分国界，没有种族的差别，没有男女的界限，是全世界通用的方式。幽默，还能超越阴阳之隔，比如墓志铭——一个人留给这个世界的最后印象，有些人也能把它写得幽默感十足。

书画家启功先生在自己66岁时自撰墓志铭，他是这样写的：中学生，副教授。博不精，专不透。名虽扬，实不够。高不成，低不就。瘫趋左，派曾右。面微圆，皮欠厚。妻已亡，并无后。丧犹新，病照旧。六十六，非不寿。八宝山，渐相凑。计平生，谥曰陋。身与名，一齐臭。

从表面上看，老先生用72个字来概括自己的一生，这很平常，但是采用"三字经"的样式，这就很有些味道了。此外，加上老先生的幽默口吻，这篇墓志铭便非常大气了。他说自己学历低，可是成就不低；被批斗过，生病等等。自我解嘲的语气很浓，对自己的一生有着独到深刻的认识，似乎在向后人幽默地诉说着：这就是我的一辈子，什么都经历了，还凑合吧。

戏剧家翁偶虹也为自己写下了一篇墓志铭：也是读书种子，也是江湖伶人，也曾粉墨涂面，也曾朱墨为文。甘作花虱于菊圃，不厌蠹鱼于书林。书破万卷，只青一衿；路行万里，未薄层云。宁俯首于花鸟，不折腰于缙绅；步汉卿而无珠帘之影，仪笠翁而无玉堂之心。看破实未破，作几番闲中忙叟；未归反有归，为一代今之古人。

"宁俯首于花鸟，不折腰于缙绅"，这大概就是对读书人本质的自嘲，在生命即将结束之际，为自己的人生画上一个圆满的句号，把幽默进行到底。

小幽默助你"大交际"

【幽默你世界】

幽默是人际关系的润滑剂,能使气氛融洽,让快乐相伴。

比如,一个陌生人不小心踩了你的脚,你可以说:"哎哟,不好意思,硌着你了吧?"相信这句幽默的话语不仅能顺利化解彼此的尴尬,而且有可能让你们成为好朋友。

在人际交往中,我们常把人和人之间的关系作为一种重要的资源,就像金钱和土地一样,所以大家都会对此进行管理和投资。那么如何有效管理与投资才能使这种资源增值呢?说不定幽默就可以帮你做到这一点。

比如对于天气,有人喜阴有人喜晴;对于口味,有人喜甜有人喜咸;不同的人的选择各不相同,不过对于幽默和欢笑,世界上恐怕没有人会拒绝。因此采用幽默这种人见人爱的方式和人交往,谁会不接受呢?

俗话说,万事开头难,两个人刚认识时总会有一些生疏和拘谨。如果双方能笑起来,就很容易拉近距离。

毛主席是位平易近人的领导,很多人初次见他时都会紧张,而主席则经常会很幽默地和大家开个玩笑来缓解气氛。

有一次,主席生病住院,一位年轻的护士奉命给毛主席验血。因为是第一次见主席,这位年轻的女护士紧张得不得了,一句话也不敢讲,扎针时手都有些哆嗦了。见她如此紧张，主席就故意板着脸说："你这小丫头好狠哦，一声不吭就扎我一针。"这句话马上逗得小护士扑哧一声笑了。看见对方放松了情绪，主席就亲切地和她聊起了家常，之后的治疗过程进行得非常顺利。从这以后，小护士逢人便说主席没有架子，就像自家爷爷。*

还有一个事例：

1958年，党中央在庐山召开八届六中全会期间，李先念的夫人林佳楣、江西省委书记的夫人水静以及安徽省委书记的夫人余淑娟，这三个人经常在一起，很是投缘，亲如姐妹。毛泽东同三位夫人见面时风趣地问："你们三个人这么好，知道是什么原因吗？"

三位夫人想了想，不知道怎么回答。主席笑着解释说："因为你是水，你是鱼（余），鱼当然要和水在一起；而林呢，是两棵树，树离开了水就会干枯，所以你们三个就分不开了。"听了这番风趣的解释，三位夫人都非常高兴，觉得主席真是风趣幽默。*

幽默就是你送给别人最好的见面礼，对方在查收的时候总会带着笑容。而一旦初次见面就充满欢笑，那么彼此之间继续交往下去往往也会很顺利。

人际交往中，难免会遭遇尴尬难堪的局面，幽默能够帮助人摆脱困境，让双方都感到轻松，从而使气氛变得更加和谐，更有利于沟通。

大文豪托尔斯泰平时穿着朴素，是位很随和的人。有一次，托翁去火车站接一位来访的朋友，他在站台上等待时，被一个刚下车的贵妇人误认为搬运工。那位贵妇人吩咐托翁到车上为她搬运箱包，托翁便毫不犹豫地照办了。搬完后贵妇人付给了他五个戈比。

当贵妇人准备离开时，托翁来访的朋友下车了，赶忙过来同他打招呼。站在一旁的贵妇人这才知道眼前为她搬行李的人竟是大名鼎鼎的托

---

*摘编自黄蓉编著《最新开心辞典》，北京：中国致公出版社，2005年

尔斯泰，因此觉得十分尴尬，于是就频频向托翁表示歉意，并请求收回那五个戈比，以维护托翁的尊严。可是托翁呢，却丝毫不把这事放在心上，他摆了摆手，微笑着对贵妇人说："夫人，请不要收回那五个戈比，因为那是我应得的报酬。"说罢，三个人都不约而同地笑起来，一场尴尬顿时被笑声轻松化解了。*

人非圣贤，谁都会犯错误的，一些小错误小误会本身没什么大不了，但它们往往会让气氛变得很尴尬。这个时候，如果犯错的人还是放不下那个错误，那么其他人就应该用幽默来提醒他：该翻篇了。

一次，著名主持人董卿随"欢乐中国行"摄制组到云南大理，在大理三塔寺录制节目时，有一个场景中，需要董卿手持话筒边讲边从台阶上走下，可她一不留神脚下踩空，整个人便从台阶滚落下来。台阶很高，她当时又是穿着短裙，腿部多处受伤出血。人们连忙扶起她要往医院送，但是董卿却微笑着说："大理的景色太美了，让我为之'倾倒'，终于倒在这三塔寺下……"说罢，她用纸巾擦干鲜血，忍痛坚持将节目录完。

尴尬的事是常有的，有的人总是在为自己的出糗而后悔不已，总是回忆那些尴尬的画面，还不停地唠叨："怎么搞的，丢死人了！"对此，我们不如换个角度，幽默地自我解嘲一番，这样既能让你不再耿耿于怀，也能让别人觉得你是个好相处的人。

*摘编自千高原编著《赢在幽默》，南京：江苏美术出版社．2012年

幽默能够带来好运气

【幽默你世界】

很多初入社会的毕业生由于没什么经验,对人情世故也不是那么了解,所以总会在面试中屡屡碰壁。这个时候,要想扭转这种不利局面,幽默便是很不错的武器。

比如,你在面试时,面试官说:"我们需要的是名牌院校的毕业生,但你不是,所以我们不予考虑。"对此,你不妨幽默地说:"我虽然不是名牌院校毕业,不过如果您能雇用我,我就能成为您眼中的名牌毕业生。"

大家都说爱笑的人运气不会差到哪里去,你是不是发现身边整天笑容满面的人运气不错呢?如果不是"独乐乐",而是"众乐乐"的话,那么他们的运气可能会更好。所以从这一点来说,幽默不仅可以感染他人,给人们带来欢笑,而且还能够给你自己带来好运气,让你成为上帝的宠儿。

在生活中,有的人很容易就获得了成功,而有的人却总是在失败的边缘徘徊;有的人在各种场合都能左右逢源,而有的人却总是灰头土脸;有的人走到哪里,就把笑声带到哪里,总能成为众人的中心,而有的人却默默无闻。为什么呢?幽默让人与众不同,好运连连。

可以说,幽默就是力量。对于疲乏的人们,幽默就是休息;对于烦恼的人们，幽默就是解药；对于悲伤的人们，幽默就是安慰。总之，无论你在做什么，幽默总是很给力。

在职场中，幽默就是一种无形的竞争资本，让你显示出独特魅力。尤其在面试环节，幽默会给你加分不少的。

某日报社招聘采编人员，应聘的人很多，在过五关斩六将之后，包括小王在内的五个人进入最终面试阶段。面试官问小王："你应聘这个职位的优势有哪些？"小王不慌不忙地答道："我之前有过三年的办报经验，对这一行也很有感情。闲暇时，我喜欢抓起报纸来看。每当我看报纸时，我总不自觉地给人家挑错：题目啰唆，用词不当，哪个错字没有校对出来，版面设计不合理，碰了题、通栏了……甚至有时上厕所，也忍不住捡起别人丢在地上的烂报纸看……"听到这里，几个面试官不约而同地笑了。

最终，小王如愿以偿地获得了这个职位。事后他了解到，其实一开始他并不被面试官看好，因为无论是从学历还是所学的专业来看，他都不占优势，但他的幽默感却引起了面试官的注意。于是，相比其他人的过于严肃，面试官觉得幽默的他更适合这个职位。*

由此可见，在严肃紧张的面试中，适当地来点幽默，可以舒缓情绪，让你和面试官都放松心情，并使对方牢牢记住你，最终让你在面试中脱颖而出。

当然，有时候，你可能没有得到面试的机会，但是恰当运用幽默，照样可以为你争取到一个机会。

现在很多公司招聘都是通过网络进行，一位求职者寄出简历后，对方的 E-mail 回复是"抱歉！未能录用……"这位求职者心想，反正没什么希望了，不如采取幽默的方式作最后一试，于是他就回了一封信："既然您对未能录用我的事感到如此遗憾，为什么不给我一次面试的机

*原文题名《灵活幽默让我脱颖而出》

会呢？"他的幽默和执著让招聘人员很欣赏。不久，他得到了这个公司另一个职位的面试机会。

很多现场的招聘会也不例外。

在一个招聘会即将散场之际，人事经理已经在收拾东西了，一个小伙子走了过来，递上了自己的简历。经理只希望赶紧结束工作，因此看了一眼小伙子就面露难色地说："我们不能雇用你了。因为这里已经有足够多的应聘者，我连他们的名字都登记不完。"没想到，小伙子不但没有知难而退，反而气定神闲地说道："既然这样，我看你们还缺少一人。不如您安排我做这份工作，我来专门为您登记应聘者的名字。"经理觉得这个小伙子很有意思，于是就和他聊了起来。最后，小伙子凭借着自己风趣的谈吐和自信的风度，成功进入了这家企业。*

你看，在关键时刻，保持幽默，把别人给你的难题顺水推舟还给对方，就能为自己赢得一个机会。

不仅在职场中如此，在爱情婚姻中，幽默的人也总是很受欢迎的。

许多姑娘公开宣称自己钟情于幽默的男士。有这样一位校园幽默男，相貌平平，身高也就一米六出头，但让很多人想不到的是，平凡无奇的他竟然成了校花的男友。毕业以后走上社会，他们俩很快就步入了婚姻的殿堂。结婚那天，同学们让当年的校花披露男友追求她的绝招，岂料新娘抿嘴一笑，仅说了一句话："他是个幽默冠军！"此话让大家有些跌破眼镜，没想到幽默竟有如此大的魅力。

确实，幽默就是如此有力量，在带来欢笑的同时还能为你带来爱情。姑娘们为什么会青睐幽默男呢？原因有很多：首先，幽默的男人往往比较镇定，无论是面对紧急情况还是重大情况，他总是能镇定自若，还不忘记用幽默来和他人共享。其次，和幽默的男人生活在一起不会有太多烦恼，因为他总能为你化解掉烦心事，让你的眉头刚皱起就舒展开来。

*摘编自九妖编著《幽默有道》，北京：人民邮电出版社．2011年

最后，幽默的男人通常对女朋友会格外好，比如姑娘问自己搞数学的男朋友："我满脸雀斑，你真的不介意？"数学男温柔地回答："当然了，我生来就爱小数点。"姑娘在又嗔又怪之余，心中的爱潮也泛起了。

PART 2
玩转文字：妙语生幽默

让生活不再苦闷，让交际再无障碍，让职场愈发得意，让情场充满欢愉！

说好话中话：一语双关，一石二鸟

【幽默你世界】

使用双关，可以使我们的语言变得风趣幽默而又意义深刻，为我们的生活带来欢乐和便利。举个例子，如果你想拒绝一位追求者，那么拒绝的语言选择就很重要，既要表达自己的拒绝之意，同时又不能伤害对方。

你对追求者说："别人都说你条件不错耶。"这句话肯定会让听的人欣欣然，但其实你想表达的意思是："可是我从来没这样认为过。"

又或者你说："其实你人很好。"这话就像是给被拒者一个安慰奖，而事实上你想说的是："其实我不想跟你在一起。"

一语双关是指利用语意相关或语音相似的特点，使话语具有双重意义，使整个句子产生言在此而意在彼的效果。使用双关语，不仅能曲折地表达思想感情，既不明说，又能使相关的人心领神会，而且还能使语言幽默诙谐，引人发笑。

事实上，我们的很多民俗都是一语双关的。比如在传统年画上常画着一个胖小子抱着一条大鲤鱼，图个吉利，因为鱼象征"年年有余（鱼）"，也就是预示着来年的生活富裕；而鲤鱼有鲤鱼跳龙门的讲究，也就是要家人的事业大步向前。再例如，在新娘子的床上要放上红枣、板栗和莲子，取其谐音"早立子"，寓意新娘子要早生孩子，传宗接代。

谐音、典故、语气等都可以形成一语双关，因此一语双关可分为谐音双关和语意双关两类。谐音双关是指利用汉字的同音不同字，在特定环境下形成双关，也就是口头表达听起来是一样的，不过实际是不一样的字，这样就会产生不一样的含义。

乾隆二十三年，纪晓岚为兵部侍郎，和珅当时已经官拜尚书。在一次官员的宴会上，两人同为宴会上的头面人物。大家见面寒暄一阵过后，就入席了。当宴会进行到一半的时候，一位家奴牵一狗从旁而过，和珅一见，笑逐颜开，随即指着那条狗问纪晓岚："是狼？是狗？"众臣一听，初不解其意，后见和珅笑容满面的样子，顿悟此言之意，遂对着纪晓岚哄笑起来。纪晓岚机敏过人，自然早明白和珅话中之意，因此很谦恭地说道："回和大人，尾垂是狼，上竖是狗！"和珅一听，黯然无语，很是尴尬。*

两人言语相向，可谓暗藏锋芒。和珅的话表面看来是个疑问句，是说这是狼还是狗，其实隐含着的意思是"侍郎是狗"。这是利用谐音双关暗中转换语意，骂的是兵部侍郎纪晓岚。而聪明机智的纪晓岚呢，自然不会被人白白戏弄，因此他很谦恭，先称呼一下"和大人"，然后才回答其问题："尾巴下垂的是狼，上竖是狗。"不知底细的人还真以为纪晓岚是在向和珅解释狼、狗之别呢，而实际上纪晓岚的回答是以其人之道还治其人之身，表层是个陈述句，说的是，狼的尾巴是下垂的，狗的尾巴是上竖的，而其深层语意是说："尚书是狗。"

大家看，谐音相关就像是说话的两个人在打哑谜，说话的人说出来有一个表面的意思，而他其实想说的是另外的意思，即通过他的"比比划划"来表达的。

其实，我们中国人说话最是含蓄，往往一句话有两个意思甚至更多，而深层的意思只能察言观色去仔细揣摩。所谓"听话听音"，谐音

*摘编自马志强编著《语言交际艺术》，北京：中国社会科学出版社．2006年

双关不是那么好理解，不过，要是能结合到说话人的语气就可以猜出个一二三了。就像上面这则故事中的和珅一样，在说"是狼？是狗？"时脸上堆满了别有意味的笑意，要是普通的一句话是不可能使用这么富有意味的表情的，所以再观察一下在场的人，纪晓岚自然也就明白了和珅的"醉翁之意不在酒"。

语意双关是指利用词语或句子的多义性，在特定环境下形成双关。

三国时，曹丕做了皇帝以后，对才华横溢的胞弟曹植一直心怀嫉恨，就想除掉他。有一次，曹丕命曹植在七步之内作一首诗来，如作不出就给处死。结果，曹植脱口吟出："煮豆燃豆萁，豆在釜中泣。本是同根生，相煎何太急。"据说，曹丕听后，深感惭愧，不仅因为曹植在吟诗中体现了非凡的才华，具有出口成章的本领，使其自愧不如，还因为诗中以浅显生动的比喻说明兄弟本为手足，不应互相猜忌与怨恨，晓之以大义，令其无地自容。

语意双关是说话双方在交流中的一种博弈，表面上是说桑树，其实说的是槐树。对此，听话的人就要考虑到说话人的态度和立场，然后再作出深一层的理解。

当然双关也不能穿凿附会，更不能没有原因地把不相干的事情联系在一起。这一点比较有代表性的就是"文字狱"。虽然在我国历史上几乎各个朝代都有"文字狱"，其目的是维护自身的统治，但是最为严重的就数清朝了，只要是文人，几乎就都能整出和前朝的关系来。一句"清风不识字，何故乱翻书"就被指为污蔑朝廷，这本是子虚乌有之事，但是这一句诗确实就牺牲了数十条人命。而究其原因，还是与当时的时局和风气有关。所以说，要想理解双关语，结合当时的环境很重要。

一词多义的幽默：善用文字里的"多胞胎"

【幽默你世界】

利用词语的多义性来化解矛盾，可以有意想不到的效果。

某一日，你的妻子和老妈吵架了，在这个紧急关头，作为老公兼儿子的你，肯定会很犯难：怎么劝呢？倒向哪一边显然都不合适。对此，你不妨借助词的多义性来委婉地对她俩说："老婆，你是我的半边天；老妈，您是我的夕阳红，我就是你们下面的大地。求求你们俩，别再吵了，有什么电闪雷鸣，就都冲着我来吧。"

我们知道，写文章讲究遣词造句，务求使用最精确的词句来表达自己的意思，而相比之下，说话就随意得多，不会为了一个词语而纠结半天，但是由此出错的机会也就更多。一般来说，词语的使用出现什么问题，和词语的多义有很大的关系。因为在我们的汉语中，每个词语往往都不止有一个意思，有的词语甚至有数个意思，因此，在有些场合，如果不考虑到词语的多义性，就会闹出大笑话。

解放前，有一个美国高级官员来我国访问，这位官员因为对汉语有一定的了解，就很自信地认为到时与中方人员交流一定没有问题，于是通知中方不用安排翻译员。就这样，这位美国官员携着夫人并且也没有带翻译员就来到了中国。按照外交礼节，中方官员也带着夫人到机场迎接。握手后，美国官员礼节性地赞美中方官员的夫人很漂亮。这位中方官员则很谦虚地说："哪里，哪里。"美国官员一听，心想："其实您的夫人并不是多么漂亮，我赞美不过是一种客套而已，想不到您还追问哪里漂亮。"于是，这位美国官员只好敷衍说："从头到脚，每一处都漂亮。"

这个故事真是太幽默了，而其所产生的幽默效果正是在两人对话中的"哪里"一词上。因为两人对"哪里"的意义理解不同，在中方人员这里，"哪里"不过是表示否定，而在美国官员那里，"哪里"却表示疑问。同一个词可以表达不同的意思，这就容易造成歧义，而故事的幽默效果就是由歧义达成的。

事实上，不光中文会因为一词多义而产生笑话，其他如英语、法语中也有很多一词多义的现象，由此产生的笑话也是数不胜数。

一次，纽约市的交通管理部门在全市200多辆双层公车外壳上推出了这样一个巨型车体广告：一名穿着惹火的性感女郎，摆着惹人联想的姿势跪在一堆书籍当中，旁边是一条响亮的口号："读了书就有了头脑（Read Books, Get Brain）。"这本来是一句具有教育引导意义的宣传，可是在推出一周之后，就被换了下来。原因很简单，没考虑词语的多义。

那些古板的交通部门官员没有想到的是："有了头脑"（Get Brain）在街头俚语中的意思就是"口交"。所以这句宣传语就很容易让人联想为"只要读书就能获得口交的奖励"。于是交通部门官员在反应过来之后，就匆匆地将这条广告从公车上换了下来。

事后据报道，这件事情的发生是有原因的，因为这条广告的赞助商是纽约当地一家专营另类风格服装的公司，该公司在构思这条广告的时候，就将这句话的多层意思考虑了进去，目的是为自己的另类服饰促销。这个公司也真可谓用心良苦，抓住了多义词的这个缺口，娱乐了一把政府和市民，同时也为自己的产品很好地作了宣传。

不管你出于什么居心，反正这些多义的词语总算是出尽了风头。可以说，你考虑或不考虑，多义就在那里存在着，不增不减。所以有人将词语的多义称为语言中的双胞胎，这种说法还是很形象的，一样的外表下面是完全不一样的意思，想要分得清楚，光是看表面意思是不行的，还要结合语境来具体分析。

不过很多人还是很擅长分析这些多义词语并且进行熟练应用的。比如明朝著名文学家和书画家徐渭，他在晚年写了这样一副对联："好读书不好读书，好读书不好读书。"这对联妙在一个"好"字，借助汉字多音多义的特点，造成耐人寻味的奇妙效果：首先，我们在理解这副对联的含义时，可以理解为："小时候正是读书的好时光，却不知道读书重要，年纪大了想好好读书却没有精力了。"意在告诫后辈珍惜时间，趁年轻好好读书。一般来说，大家都会这样理解，并且也比较切合作者的初衷。不过，当我们换个角度来理解时，这副对联也可以有这样的意思："喜好读书学习的穷孩子没有优越的条件来学习，整日为生活所累；而有着优越学习环境的富家子弟却不喜欢读书，整日玩乐。"甚至，再发散一下思维，这副对联也可以理解为："有些孩子学习很刻苦但是没有找到适合自己的学习方法，终日苦读收获不大；有些孩子很聪明，懂得利用学习方法，但是不肯努力去学习，总是偷懒，也没什么收获。"

大家看，后面的这两个意思肯定不是徐渭本人想要表达的，但是我们根据"好"的不同读音和意思，的确可以理解到这一层，甚至还可以继续延伸，找到不同的解释。正因为如此，词的多义性如果能很好地被运用，往往就能够产生很多意想不到的幽默效果。

给幽默"点睛":适时停顿,言尽意不尽

【幽默你世界】

停顿的含义非常丰富,它以最小值的语言形式换取最大意义的交流价值。只要你分清运用的时机和运用的时间长短,往往就可以创造出不一样的幽默效果,尤其是在宣布自己的某个决定时,巧妙运用停顿效果会很不错。

假如你一直喜欢某个保健类的电视节目,有一期介绍到了吸烟的危害,而你碰巧是个烟民,你可以佯装信誓旦旦的样子对家人宣布:"我作出了一个艰难的决定……"大家肯定以为你要戒烟了,但是你接着说道:"我以后再也不看这个节目了。"

懂点音乐常识的朋友都知道,"休止符"是乐谱中的一种音符,用来表示音乐的停顿。也就是说,当乐曲演奏到休止符的时候就会完全停止,留下一段停顿和寂静,直到下一个音符,音乐才又重新开始。

白居易的《琵琶行》中有这样的诗句:"冰泉冷涩弦凝绝,凝绝不通声暂歇。别有幽愁暗恨生,此时无声胜有声。银瓶乍破水浆迸,铁骑突出刀枪鸣。"你看,琵琶女在低低地轻拢慢捻之后,并没有直接铁骑刀枪,而是运用了一个休止符,让听者在无声之中感受她内心的凄苦,以及寻求知己的期待。可以说,这个休止符是整首乐曲的重点,而"别有幽愁暗恨生,此时无声胜有声"这一句也是这首长诗的点睛之笔。

文章也好，乐曲也罢，一味地铺陈，毫不给欣赏者以喘息品味的机会，难免就会让人觉得太过平淡，毫无节奏。所以说，休止符是这些艺术作品中必要的组成部分。

同样的道理，与人交流也是如此，如果你只顾着自己呱啦呱啦地说个不停，肯定会让人觉得聒噪乏味，从而达不到沟通的目的，与其如此，我们还不如多留些空间给听者。古人云："言而当，知（智）也；默而当，亦知（智）也。"意思就是说，说话时停顿是一种技巧，能为你的话语增添很多情趣。而与人谈话时，我们如能做到适时停顿，就有可能产生出人意料的幽默效果。

李老师知道同学们都很害怕每月一次的测试，而这个月末他准备延期举行测试，但他在宣布之前，这样跟同学们说："后天的测试……"说后，环视了一下教室，同学们一听，不觉立刻绷紧了神经，谁知这时李老师又接着说："不再举行。"同学们一听，高兴得几乎要欢呼起来。顿了顿，李老师又说："改在下月初。"同学们一听，又沮丧了。最后，李老师说："随堂开卷考试。"同学一听，一下子又感觉到轻松许多，觉得李老师真是让人气又让人爱。

这样的事原本很平常，但因为说话人很好地利用了停顿，结果使说话的效果不同寻常，特定的对象和特定的情形，在一停一顿、一紧一松中让听者没法不觉得其幽默感十足。

很多人在日常生活中都有过类似的经历，在交际活动中，人们不仅需要借助有声语言，更需要借无声语言来表情达意。甚至，在某些特定的语言环境中，沉默更能表达出有声语言所无法表达的思想内容，并且给人们增添很多乐趣。

里根是著名的美国总统，为人很幽默，他有个习惯就是口袋里平时不放钱。大家都知道他的这个习惯。一天上午举行会议，一位多数党领导人站出来故意说："总统阁下，开完会之后，我们大家准备共进午餐，如果您也来和我们一起进餐的话，你必须付餐费10美元。如果实在没有,鄙人愿解囊相助,以解尊驾拮据之难。"这位多数党领导人就是知道里根的习惯,想借机让他难堪。

听完这番话,里根笑而不答,一阵沉默。后来当大家步入宴会厅时,这位多数党领导人见里根不理茬,脸上觉得挂不住,于是再次提出借钱给里根,而此时的里根却出人意料地从口袋里掏出10美元,得意地在他面前晃了晃。见此情形,众人都很惊讶,迷惑不解。原来,这10美元是会前有人给里根拍照做杂志封面所支付的报酬,于是大厅里响起一阵欢笑。[*]

大家看,里根开始的沉默,其实就是设置了一个悬念,人们不知他葫芦里卖的什么药,甚至很多人都以为他是因为拿不出钱而尴尬。但当他最后掏出钱时,不仅顺利地使自己摆脱了窘境,同时也为宴会平添了几分情趣。试想一下,要是里根一开始就掏出钱,还会产生这种幽默的效果吗?

所以说,通过停顿可以设置悬念,该说而不说,让听者如坠雾中,待时机成熟,突然亮底,就会风趣十足。

总之,停顿是说话人为了表达某种感情或达到某一目的而有意识的沉默,它常常取决于说话人的心理情绪。在交际中,如果我们能够巧妙使用停顿,往往就能够获得更好的说话效果。因为停顿可以唤起听众的注意力和好奇心,当对方在你沉默不语时,一般都很想知道你接下来会怎样,这样一来就会将这种心理期待推到一个小高潮,如果再加上后面你说出的令大家所意想不到的话,确实是个很不错的幽默点。

[*]摘编自李富民、李晓丽编著《美国总统全传》,北京:中国社会科学出版社,2006年

"人为"制造巧合的幽默：谐音同指的妙用

【幽默你世界】

生活中，巧妙使用一些谐音可以让我们的语言风趣幽默，很受欢迎。比如，恭祝别人高升，你可以说："哎呀，赵兄，您是产房传喜讯——生（升）了啊。"

但是我们也要注意到谐音很容易产生误会，比如，不能说"是老王吧（王八）？"或者是"老刘忙（流氓）吗？"，这样就会让对方很尴尬，答也不是，不答也不是。

再比如，一位年轻的护士在采血时不是很熟练，扎了几针都没出血，你可以问她："你是姓李吧？"她会问你怎么知道，你可以揶揄她道："你就是传说中的李时珍（十针）吧？"

谐音是一种修辞格，就是利用汉字同音或近音的条件，用同音或近音字来代替本字，从而产生辞趣。谐音被广泛运用到生活的方方面面，甚至有的谐音被运用得出神入化，令人拍案叫绝；有的谐音运用得妙趣横生，让人笑破肚皮。

例如我们一般对3、8、9这几个数字尤其是8情有独钟。因为有的方言里3与"生"谐音，代表生生不息，生意盎然；9与"久"谐音，代表长长久久；8与"发"谐音，代表发财、发达，因此人们在结婚喜庆时常挑带有8字的日子，车牌号、电话号竞拍时8字越多开的底价也越高。这样说起来似乎有点迷信，不过人们总是喜欢个好兆头，这也是无可非议的。

不仅一般百姓们喜好谐音，就连文人对于利用谐音来进行创作也是很热衷的，谐音诗词、谐音对联、谐音成语、谐音歇后语等等，层出不穷。

1940年，投降日寇的汪精卫伪政府成立，在成立之日，不少人都给汪精卫送来了恭贺对联，其中有一副是这样写的：上联"昔具盖世之德"，下联"今有罕见之才"。大小汉奸们对此联大加赞赏，而汪精卫呢，看罢也是洋洋自得。

可是后来，经过别人的提醒，汪精卫这才醒悟自己被骂，却也无可奈何。原来，这副对联是利用谐音，巧妙地揭露了汪精卫是"昔具该死之德，今有汉奸之才"，把其卖国求荣的丑恶嘴脸揭露得一览无余。你看，谐音就是这么奇妙，本来表面是称赞汪的德才兼备，举世无双，其实是在骂汪是个天大的汉奸，实在该死。

古今的知识分子都讲文雅，也喜欢通过玩文字游戏来显示自己的才华，而谐音就为他们的这个爱好带来了很多的创作源泉。比如"二猿断木深山中，小猴子也敢对锯（句）；一马陷足淤泥内，老畜生怎能出蹄（题）"等等，都是很有趣的。文人们一般都很喜欢对对子，当然有的人对得好，有的人对得很生硬。面对才疏学浅之人，人们一般不会直接说"谁谁这个毛头小子简直丢脸……谁谁这个老匹夫真不害臊，那么差劲"，但会运用谐音以达到讥讽的目的。总之，不管怎样，大家毕竟都是文雅之人，说话不能爆粗，文雅中耍点小伎俩，彼此心里都明白就行了。

小王到外地出差，当地的朋友在一个特色酒店的包间为他设宴接风。男男女女十几个人落座后便不停地聊天，只有小王一个人在点菜。点好后，小王征求大伙儿意见："有没有要加的？"大家都没说话，见此情形，小王打算先让服务员把刚才点过的菜名儿报一遍，于是就对旁边那位女服务员说："小姐，报报。"

服务员看了他一眼，没动静。"小姐，报一下！"小王以为服务员没听见，就大声重复了一遍，大家这时都停止了说话，看着服务员。服务员是个小姑娘，这时脸涨得通红，还是没动静。"怎么着？让你报一下没听见？"小王有点着急了。这时，一位大姐怕小王生气，赶紧打圆场："小姐，你就赶紧挨个儿报一下吧，啊？"小姑娘嗫嚅着问："那，那……就抱女的，不抱男的行吗？"众人先是面面相觑，然后哄堂大笑，前俯后仰，小王也转怒为笑。

原来，这位女服务员是把"报"听成了"抱"，而小王呢，还一个劲儿地催着服务员"报报"，难怪小姑娘被吓得胆战心惊，最后鼓起勇气要求只抱女的。

你看，不经意间，谐音就能给我们带来很多笑料。而事实上，中国的文化博大精深，汉字是我们文化的传播符号，经过了数千年的演变和创新，是精确而丰富的。相同的一个音，就有几个、几十个的汉字在共享着，这是多么庞大的资源。除此以外，还有音近字，那就更多了。在生活中，除去普通话，各地的方言也会产生很多的谐音，还有带着方言的普通话，带着英文腔的普通话……

由此可见，谐音无处不在。这一点在广告中体现得很明显，近年来很多谐音广告都能让我们印象深刻。

比如儿童营养品的广告："聪明的妈妈会用心（锌）。"众所周知，锌是儿童智力发育所必需的元素，但是大家对它的认识并不是很多，因此这个广告可以说让更多的家长注意到了这个问题，当然其产品也很受大家的欢迎。

还有如某个金店的广告语"一代（戴）天（添）娇"，让女人们很是追捧；一种电蚊香的广告语"默默无闻（蚊）"，宣传的是安静高效的灭蚊产品。

这些谐音成语广告颇具创意，让我们耳目一新，也很有趣味。

掐头去尾幽默法：荒谬断章，取君所需

【幽默你世界】

巧妙运用他山之石来攻玉，拿别人的话来创造乐趣，这种幽默之术确实是很不错的。

比如，当你面试时，向面试官介绍完"我特别能吃苦"后，你不妨来个急转弯，笑着说："哦，我只做到了前面五个字。"这样一来，你的这句幽默往往就能博得众人一笑，从而给面试官留下深刻的印象，增加面试成功的概率。

再比如，同学聚会，大家都谈到了自己儿时的理想。你不妨感慨着说："我小时候想当警察叔叔，现在看来我只实现了后面的一半。"

《诗经·邶风·击鼓》中有这样的诗句："死生契阔，与子成说。执子之手，与子偕老。于嗟阔兮，不我活兮。于嗟洵兮，不我信兮。"这是描写战士之间的约定，意思是死要一起去死。而现在的人们总是喜欢截取"执子之手，与子偕老"这句话来形容爱情与婚姻中的相濡以沫，白头到老。这其实就是断章取义，不考虑原来的语境，直接切下来，以自己的意思来理解。

事实上，在现实生活中，断章取义的现象很常见，人们为了得到自己想要的往往就直接上刀了，切下有用的，其他的弃之不理。这本来是无可厚非的，不过很多的掐头去尾倒是为幽默准备了不少素材。

举个例子，生活中我们经常会用到简称，比如大家通常管北京大学叫北大，把工商银行叫工行，把高等代数叫高数……这样一系列的简称给我们的生活带来了很大的便利，让我们在和这些名词打交道时可以不用那么啰里啰唆。不过，这些省略可是有要求的，那就是在交流过程中不能引起歧义，否则就会闹出很多笑话。

某次洽谈会议，有很多企业参加，主持人在宣布这些企业的名字时，就采用了简称，比如"北京汽车股份有限公司"就叫"北汽"。可是当他念到"怀胎"时，大家就有些窃窃私语了。怎么回事呢？原来他把"怀安轮胎有限公司"给简称为"怀胎"了。而当他念到"淮运"（怀孕）时，大家真的没法淡定了。其实他不过是把"淮南运输公司"作了简称。于是乎，台下的听众都被这个主持人的简称方式给搞得哈哈大笑，甚至还有一些企业心惊胆战，生怕自己企业的名字被简称得不堪入耳。但是只有三联书店的代表很惬意地坐着，因为他在等着主持人叫他"三书（叔）"呢。

由此可见，简称是为了方便简单，不过，这简化的事也是有要求的，要是随着自己的心意来，有时就会笑话百出。

李大明是个愣头青，二十出头，什么都好，就是说话颠三倒四，词不达意，到了婚娶的年纪也没有媒婆上门来提亲，家里人着急了，就拿出了八串钱，叫儿子出外学话，回来好去相亲。

李大明拿着钱出门往前走，来到一片树木旁，看到有两个人在那里闲逛。树林里一派鸟雀声喧，忽然一只老鹰飞来，鸟雀全都哑了。那人说："真是一鸟入林，百鸟哑音。"大明觉得这话不错，就赶紧给那人两串钱，让他把这两句教给他。大明学会后，又往前走，走到一个池塘边，只见塘里水清见底。这时，从塘那边走来两个人说："一塘好清水，就少鱼打混。"大明又上前给那人两串钱，请他教这两句话。大明学会后，接着往前走，走到一条小河边上，河上有一座独木桥，从河那边过来一个人，见桥窄不好走，就说："双板桥好过，独木桥难行。"大明听了，给那人两串钱，要学这两句话。大明学会后，又往前走，来到一个村子里，看到一群小混混在一起吃吃喝喝，无所事事地闲着，一位老太太叹着气说："物以类聚，人以群分，臭韭菜不打捆。"大明又央求着老太太教会他这句话，随即也给了她两串钱。学会这几句话以后，钱也用完了，大明于是就回了家。

村里人都听说大明出去学说话了，因此第二天就有媒婆上门来提亲。大明随着媒婆到了未来的岳父家。未来岳父听说未过门的女婿今天要来，而且是刚从外面长了见识回来，就请了亲戚朋友在屋里来陪话。大家正在闲叙，看见大明进屋，一齐把话打住了。大明进屋扫眼看看，想起了自己前天学的第一句话，因此张口就说："一鸟入林，百鸟哑音。"众人一听，暗想这话说得不错呀！坐下以后，大明端起茶杯又说："一塘好清水，就少鱼打混。"岳父听了，心想：他这是说我不该只给他清茶喝，于是赶紧让人烧一碗糖水荷包蛋端上来。顷刻，荷包蛋烧好了，姑娘的伙伴们要和大明开个玩笑，因此就只给了他一根筷子。大明一看碗上只有一根筷子，不禁想起了第三句话，所以脱口而出道："双板桥好过，独木桥难行。"岳父一看，原来只有一根筷子，遂叫人拿来一根，配成一双。大明吃罢，忽然想起那个老太太说的话，就冲着那些亲朋好友说道："物以类聚，人以群分，臭韭菜不打捆。"一听此话，众人气得把他轰了出去。*

你看，李大明不分场合，把"学"来的话随口就说，曲解了原来的意思，弄得大家哭笑不得。而实际上，胡乱地断章取义也是这样的，不管是什么意思，什么情况，只要自己觉得对，拿过来就用。这种做法虽说有时候可以蒙混过关，让听者觉得言之有理，但其实根本就是瞎猫碰上了死耗子。

所以说，借鉴别人的东西是不错的，可以让我们的语言锦上添花，

---

*摘编自彬彬编著《笑话宝典》，呼和浩特：内蒙古文化出版社．2004年

但是很多时候我们也很有必要对借鉴的材料进行删改和再创造，这样才能达到为我所用的目的。否则，要是把本来做西餐的材料拿来作为中餐的食材，白白"浪费"了材料不说，很可能做出来的东西成了大家的笑柄。

PART 3 出其不意：意外的幽默

让生活不再苦闷，让交际再无障碍，让职场愈发得意，让情场充满欢愉！

有创意的幽默让人眼前一亮

【幽默你世界】

不一样的幽默需要不拘一格的思维、对情景的巧妙捕捉和众多的素材。很多冷幽默总是让人觉得很新鲜。

比如,你在饭店吃饭,服务员为你端上了啤酒却忘了拿起子,这个时候你不妨对服务员说:"信不信我用大拇指就能把啤酒打开?"对方肯定会说不信,你可以说:"那你还不把起子拿来?"

众所周知,在相似的社会环境和文化背景下,人们对事情的认识会有很多相同的地方,对同一件事也经常会有相同的看法,因此再幽默的话被重复千遍也会让人觉得乏味,而乏味的东西自然算不上是真正有质量的幽默,只有突破思维的幽默才能让人眼前一亮。

中国的历史上有很多有创意的幽默高手,三国时期的曹植便是其中一位。

有一年中秋夜,曹操全家在一起赏月,曹操问曹植:"月亮跟外国比,哪个远?哪个近?"曹植立刻答道:"月亮近,外国远。"曹操问他为什么。他说:"月亮抬头就能望见,所以说它近;外国可是看不见的,所以说它远哩!"曹操听了很高兴,夸奖曹植很有想法。

来年中秋,有几个外国友人来拜访曹操。在宴会上,曹操也问客人们:"月亮跟贵国比,哪个远?"客人们众说纷纭,争论不休。曹操想让曹植显示一下才能，就说："这个问题，就让我三儿子曹植回答一下。"

曹植很有礼貌地对客人说："贵国近，月亮远呀！"大家不解其意，曹植不慌不忙地解释道："月亮抬头望得见，但它可望而不可即，所以说它远；贵国虽然看不见，可是和我们互有往来，所以说它近啊！"客人们听了，都说三公子说得有道理。①

其实，曹植的聪明不仅在于他对事物有独到的见解，更重要的是他能够视情况的不同而转换思维，将一个不确定的问题给出两种不同的答案，并能找到很充分的佐证，以幽默的言辞让大家都心服口服。

还有一个众所周知的幽默高手，那便是阿凡提。

阿凡提与地主巴依经常针锋相对，因此巴依总想找机会愚弄一下阿凡提。一次，巴依和老婆下棋，就把阿凡提叫到跟前说："阿凡提，大家都说你很聪明，那你就来猜猜我们这盘棋的输赢吧。猜对了，我给你五个元宝，猜错了，你以后就要为我做长工。"阿凡提同意了，当场铺开一张纸，在上面写上"你赢她输"四个字。

见此情形，狡诈的巴依故意把棋输给了老婆，然后得意地要求阿凡提做自己家的长工。阿凡提拿着那张纸念道："你赢她？输。"这句话表达的意思是巴依输，老婆赢。"老爷，我猜对了！"阿凡提笑着对巴依说。巴依很生气却不好说什么。

于是他们决定再猜一局，这一局，巴依故意赢了她老婆。阿凡提又打开纸一念："你赢，她输。"巴依的阴谋又没有得逞。

"不，还得猜一盘！这次我说话一定算数，你要是猜对了，这元宝就是你的了；猜错了，可就别怪我对你不客气了！"巴依想自己一定要整整阿凡提，于是他与老婆故意下了和棋。阿凡提又打开纸念道："你赢她输？"意思就是阿凡提不肯定谁赢谁输，所以说他们和了。②

---

①摘编自李屹之编著《语林趣话全集》，北京：新世界出版社．2007年
②摘编自陈书凯编著《500个故事教你处世》，哈尔滨：哈尔滨出版社．2010年

你看，同样的一句话，只是断句的不同就带来了三种截然不同的意思，阿凡提以幽默的智慧赢得了游戏的胜利。

在现实生活中，完全不懂得幽默的人是没有的，可以说每个人身上都"潜伏"着幽默的细胞，这种细胞还需要自己努力开发和培养。另外，我们还要注意开创自己崭新的思维方式，因为只有突破常规思维的幽默才能清新脱俗，让人眼前一亮，从而产生更强的幽默效果。

明贬实褒：意外的"批判"更具幽默效果

【幽默你世界】

明贬实褒的赞美术，只有借用幽默的方式表达才能有效，且适用于关系密切的人之间。它可以大大缩短彼此之间的心理距离，显示出亲密无间的关系，就像我们平时所说的"打是亲，骂是爱"一样。

比如，看到妻子由于整日操劳而埋怨生活太累的时候，作为老公，你不妨这样对她说："唉，亲爱的，你太傻了，为了这个家，你总是把自己给忘了。"

再比如，公交车上，你看到一向乐于助人的好友忙着给别人让座，不妨对他说："你真是个自私自利的家伙，为了别人，把困难和不便都留给了自己。"

我们知道，在生活中，有些性格实在的人总是喜欢说老实话，办老实事，直来直去，毫不隐讳，甚至与人交流时，该贬则贬，该褒则褒，不会或不屑于绕弯子、兜圈子。其实，这种直白做人的方式有些时候未免欠妥，因为说话办事讲点小技巧，多点幽默，往往不仅可以让大家都高兴，而且还能在无形中给自己带来不少欢乐。

批评别人时要注意分寸，适合的方法往往比内容更重要；表扬别人时，也不是一味地溢美就好。你这么夸，他也这么夸，大家说来说去都差不多，也没有什么意思了。因此如果你能换个思维角度，运用幽默的方式，不正面褒扬对方，而是寓褒于贬，这样往往能带来意外和独特的夸赞效果。

熟悉《红楼梦》的朋友都知道，工于心计的王熙凤就是个会用幽默的方式进行夸赞的高手，夸谁有夸谁的方法，并且她在夸赞某个人时也不会让其他的人心生不快。比如，她在夸黛玉时说："天下竟有这样标致的人，我今天算看见了！"这是夸到了极致，后又接道："况且这通身的气派，竟不像老祖宗的外孙女儿，竟是个嫡亲的孙女。"谁都没落下，三位小姐和贾母也很高兴。

在对待贾母时，王熙凤更是想尽了心思来哄这位老太太开心。贾母因贾赦要讨鸳鸯为妾而生了气，还牵连了其他人。可是老太太气消了，又笑怪王熙凤事先不提醒她。凤姐儿笑道："我倒不派老太太的不是，老太太倒寻上我了？"这句话立刻引起了众人的注意，大家都想听听她怎么说老太太的不是。而凤姐儿呢，此刻却镇定自若，不慌不忙地解释道："谁教老太太会调理人，调理的水葱儿似的，怎么怨得人要？我幸亏是孙子媳妇，若是孙子，我早要了，还等到这会子呢？"贾母笑道："这倒是我的不是了？"凤姐儿笑道："自然是老太太的不是了。"

这段对话就很耐人寻味。从表面上看，王熙凤是在笑嗔贾母的"不是"，而实际上呢，贾母也没什么错，错在她的那个好色的儿子身上。所以乍一看，王熙凤是在怪罪贾母，其实这是更加巧妙地奉承贾母。为什么这么说呢？因为王熙凤说，要怪就怪老祖宗会"调理"人，她老人家不应该把这位鸳鸯"调理"得像"水葱似的"那样招人喜爱。

在这里，王熙凤把鸳鸯比成俏丽清新的"水葱"，很贴切，在一旁的鸳鸯听了，心里自然舒服，虽然自己心里苦，可世上有哪个女子不喜欢听别人夸自己长得漂亮呢？当然，王熙凤的重点不是让鸳鸯高兴，是通过夸鸳鸯来间接赞美老太太的调教高，这实际上是在变着法儿让老太太高兴。

接下来，为了进一步说明贾母把鸳鸯"调理"得貌美无比，王熙凤还开玩笑地说自己幸亏是孙子媳妇，如果是孙子，她早就把鸳鸯给要去了。这更衬出鸳鸯的美丽可人，可见贾母的本事和功劳也就更大了，这话就说到了老太太的心坎儿里，她怎么能不高兴呢？

所以说，王熙凤的这番恭维话说得可谓巧妙至极，滴水不漏。她在那里说了半天的"不是"，其实是把赞美之意拐着玩儿地说给贾母听。由此可见，当我们想要赞美、恭维某个人时，事先一定要想好词儿，先讲什么，后讲什么，怎么讲最动听等等，只有事先把这些细节都周密地考虑到了，再多动脑子想怎样才够幽默，这样才能达到"看似在贬，实则为褒"的好效果。

当然，话又说回来，与人交流，很多时候我们也没必要像王熙凤那样工于心计、善于谄媚。不过不管怎么说，她夸赞人的技巧还是值得我们借鉴的，因为每个人都喜欢别人的夸赞，哪怕是带着点水分，心里也觉得美滋滋的，毕竟，自己得到了他人的肯定。但是，中国人向来又是很含蓄和谦虚的，听到别人的夸赞往往会觉得不好意思。就是这种有点矛盾的心理让人很难拿捏，那么到底如何夸赞别人才能让对方听上去更舒服呢？

这个时候"反弹琵琶"就很有效果了，即作一番"糖衣"药丸式的批评，这种方式往往不那么张扬，同时又能让对方苦在嘴上，甜在心里。其实在现实生活中，很多的夸赞都是带着批评的"范儿"的，这样做多数情况下是出于对某人的喜爱。比如，父母很高兴自己的孩子总在学习，却常和别人说"我家孩子不会玩儿，老是闷在家里"。"不会"字面上是贬义，但家长所强调的是褒义，即"孩子爱学习"。而家长在说这话时，脸上往往也带着笑意。

再比如，女人们在谈论自己的丈夫时，也喜欢"口是心非"。"哎呀，那个死鬼，就知道花钱，一条裙子一千多哪……"这是在夸自己老公舍得为自己花钱；"你看人家哪个男人不是整天在外面闯，我们家的没出息，老是下班就往家跑"，这是在夸自己的丈夫体贴关心自己。

总之，这些看起来有些小炫耀的"批评"因为加入了幽默的成分结果就成了最贴心的赞美，表达出了真挚的情意，而对于听众来说呢，往往也都心知肚明，一笑了之。

正面的话不妨反过来说：反衬的幽默艺术

【幽默你世界】

在恰当的时机和场合运用正话反说的方法来与人交流，往往能够让人们在语言的反差中感受到幽默的力量，从而在平凡中发现不平凡，有时甚至能化腐朽为神奇。

当你和妻子聊天的时候，你不妨对她说："亲爱的，我觉得在我们家里，我就像大拇指，而你呢，就好比小拇指。"妻子听了这话，肯定有些不高兴。这个时候你就可以补充说："大拇指粗壮有力，小拇指纤细、灵巧而且可爱，难道你愿意颠倒过来吗？"这样一来，不但会平息妻子的不满情绪，而且还会博她一笑。

生活中有时会有一些让我们不便说或不允许直说的话题，如果从相反的角度去说，往往就能使语意软化，从而使本来困难重重的语言交流变得顺利起来，并且也能够让对方在比较舒服的氛围中接受信息。

实际上，正话反说的方法在生活中比较常用，即用反语来揭示他人的意图，表面上看好像是反对自己，其实是反对他人。因此从这一点来说，正话反说其实就是偷换概念，就是利用某些语言中自身所包含的歧义，使它过渡为合理化。

著名革命家陈赓，有一次在上海养伤时被叛徒出卖，不幸被捕。蒋介石觉得这是个机会，因此下令速押其到南京。因为陈赓是黄埔军校一期的学生，还曾经救过蒋介石的命，所以蒋介石准备在陈赓身上做一篇绝妙的反共文章。

可是陈赓软硬不吃，一点也不念旧情，蒋介石不得不亲自出马。一见面，蒋介石就以校长的口气训道："你呀，这么长时间了，还是那个倔脾气，一点都没变。"陈赓不露声色地回敬说："是呀，我可比不上你。这么多年，你就是名字未变，其他什么都变了！"

陈赓巧妙地利用反语，不仅让自己从困境中得以解脱，还达到了讽刺蒋的目的：自己的追求从未改变，而蒋则为了自身的权力干了很多坏事。

当我们与人辩解，遇到不能认同他人观点的时候，正面反驳诚然掷地有声，并能直接表明自己的观点，但是这样同时也很容易使对方下不来台，从而让交谈气氛尴尬起来。而一旦遇到那些度量小的人，他也许就会因此对你心生恨意，日后带来很多不必要的麻烦。

所以这个时候，正面反驳就不如曲折迂回的战术有效了。那么什么是正话反说呢？即首先认同对方的观点，并且顺着他的思路继续往下延伸，夸张地描述，极致地推理，最后得出一个很荒谬的结论。这时，明眼人都看出来是怎么回事了，自然也就不用点破了。

古代臣子在劝谏时经常采用这样的方法。五代后唐时期，唐庄宗爱好打猎，经常和一群随从去围猎。一天，他来到某县围猎，跟随的大队人马乱踩民田，当地县官闻讯赶来，拦马劝谏，诉说百姓疾苦，言明不可随意毁田。岂料，庄宗当时正在追赶一只鹿，兴头正浓，因此火冒三丈怒斥县官，县官吓得抱头逃窜。见此情形，围观的百姓们也不敢再言语。

这时，一个叫敬新磨的优伶，急忙率领同伴穷追，把那县官给抓了回来，并振振有词地痛骂道："你身为县官，难道不知道我们的天子喜欢打猎吗？你为何要教唆这些老百姓种田交租呢？你就不会把这里的老百姓都赶走，把这里的田地都空出来，以供我们的皇上驰骋打猎？你真是罪该万死！"

敬新磨说完，回头请求庄宗立即把那县官处死。庄宗听了以后，不由大笑，知道自己刚才行为失当了，赶紧放了县官，并下令人马不准再践踏农田。

常言道"伴君如伴虎"，在庄宗火冒三丈时，如果敬新磨再像那位县官一样去直言死谏，不但帮不了百姓，恐怕连自身都难保。但是聪明的敬新磨并没有这样做，而是"虚伪"地顺着庄宗的意思，要求县官让老百姓饿死，空出土地让君王打猎。如此正话反说，反而使庄宗认识了错误，迷途而知返。

在正话反说时，如果同时使用极度夸张的手法，将某个事理加以放大，就更能显示其荒谬性，让人很快醒悟。这样的正话反说就如同一场喜剧，剧情很夸张，语言也很丰富有趣，结局也是圆满的。有时候，正话反说需要一条条地去陈述，没有夸张的语言，只是平淡地叙述。可是在细细看过后，才发现全是反话，这样就像一个黑色的冷笑话，让你在笑的同时出点冷汗。

有一则宣传戒烟的公益广告，列举了吸烟的四大好处：一是省布料：因为吸烟易患肺癌，导致驼背，身体萎缩，所以做衣服就不用那么多布料；二是可防贼：抽烟的人常患气管炎，通宵咳嗽不止，贼以为主人未睡，便不敢行窃；三是可防蚊：浓烈的烟雾熏得蚊子受不了，只得远远地避开；四是永葆青春：不等年老便可去世。

大家看，这则宣传戒烟的广告就是以正话反说的形式，非常委婉、巧妙地列举出了长期吸烟的四大危害，让人们在开口一笑的同时，深刻领悟到了戒烟对身体健康的重要性。这一点做得很不错，因为大家都知道，面对那些长期吸烟之人，给他讲吸烟危害的大道理他往往不"感冒"，听不进去，但是运用正话反说，以抽烟的"好处"来反衬吸烟的害处，则更能达到劝说的目的。

正话反说是一种巧妙的语言表达形式，很多时候，当你觉得"正话正说"不起作用的时候，不妨转换思维，学一学"正话反说"，效果往往会好得多。

指东打西，转移视线：打"游击战"式的幽默

【幽默你世界】

指东打西，言在此而意在彼，往往能产生意外的效果。

比如，和女朋友约会，你不妨对她说："亲爱的，你跑了一天了，很累吧？"她会问："我哪里跑了啊？"你可以温情脉脉地回答："你在我的脑海里跑了整整一天。"

再比如，某次你去一个吝啬的亲戚家做客，可是对方招待你的菜肴里连根肉丝也没有。对此，你不妨先自称视力不好，然后借副眼镜，随即大谢主人太破费。这个时候对方会说："没什么菜啊，怎么说破费？"此时你就可以指着盘子说："这不是菜，难道是肉不成？"

指东打西是幽默技巧中最常见的一种，这种技巧当中运用了所有幽默思维的逻辑方式，可以说是大多数善用幽默、口才极佳的人最常使用的方法。同时，运用这种方式与人交流，既可以达到自己的目的，又不授人以柄，避免了正面冲突，可谓是一箭三雕。

三国时期，刘备以四川为根据地时，一度因干旱而禁止百姓私下酿酒。为了让老百姓们彻底执行这个命令，刘备还规定：凡是在家中被搜出有酿酒器具的，无论是否已经酿了酒，都要一律定罪处罚。此"霸王条款"一出，众人都觉得不太合理，但一时之间又不知道该怎样劝谏刘备。

一天，简雍和刘备一同出游，看到路上一对男女同行，简雍装作紧张兮兮的样子对刘备说："主公，你看，那对男女似乎准备通奸，你为何不把他们抓起来？"刘备很惊讶地反问道："你如何得知？"简雍幽默地回答说："因为他们身上都带着奸淫的器官，就如有酿酒器具的人。"刘备一听恍然大悟，随即哈哈大笑，并很快下令废除之前所定的那个"霸王条款"。①

简雍为了劝谏，先是指东打西，不直接说禁酒的事情，而是拿一对男女来说事。因为带着性器官就夸张地推论出他们要通奸，这显然是不合理的，而由此事影射到禁酒之事也是如此，不合法理，所以刘备在大笑过后，心中有悟，废除了不合理的刑罚。简雍的这番劝谏之辞，就是指东打西，话里有话。

这种指东打西的劝谏术在宋朝时也有人采用。

宋高祖时期，一次，宫廷厨师煮的馄饨没有熟，皇帝大怒，把厨师关进了监狱。侍臣们想求情却不知怎么劝皇帝。

没过多久，皇宫内表演节目逗皇帝开心，两个演员扮作读书人的模样，互相询问对方的生日时辰。一个说"甲子生"，一个说"丙子生"。这时又有一个演员马上来到皇上面前说："这两个人都该关进监狱。"皇上觉得不可思议，便问为什么。这个演员说："甲子、丙子都是生的，不是与那个馄饨没煮熟一样吗？"皇帝听了笑起来，知道了他的用意，因此很快就主动赦免了那个"馄饨生"师傅。②

这位勇敢向皇帝进谏的演员很聪明，在大家都不知道该怎么劝皇帝赦免那位厨师的情况下，他竟然能别出心裁地通过在演戏中以"生辰"巧妙地和"馄饨生"扯上了关系，并最终使皇上脑子开了窍。这种做法实在是妙不可言，同时推理语言婉转，表达含蓄，蕴含了丰富的趣味。

---

① 摘编自牛马编著《助你成为说话高手》，北京：中国计量出版社，2004年
② 摘编自杨华编著《办事的艺术全集》，哈尔滨：台海出版社，2016年

皇帝在开心地笑的同时，也救了那个"馄饨生"师傅。

由此可见，用相似的事物，拐弯抹角，来说明要表达的事情，就是一种模拟的推理。通过这种推理，往往就能用明显易懂的事情来说明一些复杂的事情，从而达到指东打西的好效果。

有位公司的总裁，一次将交响乐音乐会门票送给了一位负责效率的管理主管。而作为回报，这位主管给了总裁一份欣赏报告——

40位小提琴手都拉一样的音，太多余，可删减部分人员，必要时可以使用扩音器来加大音量；黑管乐手演奏的时间很短，因此应删减他们的人数；没有必要让管乐器重复弦乐器已拉过的音节，所以应该删去重复的音节，这样就可以让演奏时间缩减到20分钟。

据此建议：公司的关键人物必须要有远见，不要被一些毫无意义的会议和公文所牵绊，而要把时间花在必要的事情上。

这项报告很特别，同时也很耐人寻味。这位认真的效率主管，可能不大明白音乐创意，但他却是一位十足的幽默劝谏专家。从听音乐会这样一件寻常的事中，竟能够发掘出如此多的建议，可谓用心良苦。

其实，这位主管可不是装傻充愣，而是巧借音乐会的机会来向总裁提建议，实在是一位指东打西的高手。试想一下，如果他只是简单直白地向总裁提交一份效率报告，未必会引起总裁的注意，其结果对于他以后职场的发展可能也是不利的。

由此可见，指东打西的确是一种大智若愚的智慧，它既能娱乐彼此，同时又能让对方明白你的真实意图，甚至还能防止彼此在交流中产生冲突。

PART 4 歪解一下：变通显幽默

让生活不再苦闷，让交际再无障碍，让职场愈发得意，让情场充满欢愉！

巧妙歪解：理儿不歪笑话不来

【幽默你世界】

歪解重在巧妙，在平淡处不着痕迹地改变方向，曲折原有的是非，歪说歪有理，让听者在开心之余连连称道。

比如，有人对你欲言又止，似有什么难言之隐，你可以对他说："哎，该说的说，不该说的小声说。"

你和你的女朋友因为是去逛街还是看球赛争执起来，她说让你让着她，你说："这样吧，你是看球赛呢，还是在家看球赛呢？随你挑。"

路人大多喜欢走笔直平坦的大道，因为便捷安全，能顺利到达目的地；不过有时候弯曲的小路也是别有一番韵味的。同样，严肃的说教有时也是必不可少的，但加入一些歪解有时候反而更能深入人心，带给人不一样的感悟。

才子纪晓岚的轶事趣闻很多，他的敏捷才思总能给大家带来欢笑。据说纪晓岚在奉乾隆之命编纂《四库全书》时正值盛夏，天气酷热难当，大家都叫苦不迭。尤其是纪晓岚，身体偏肥胖，最怕炎热夏天，虽不停地摇动着扇子，却仍然汗流浃背，最后他索性脱掉上衣，把发辫盘到头顶，袒胸露背校阅书稿。见此情形，大家也都纷纷效仿，全都赤膊上阵。

这天，乾隆来到翰林院视察工作，正好纪晓岚和大家都光着膀子在那里埋首苦干。看见皇上走了过来，众人赶紧起身穿衣。可是纪晓岚看得太入神了，等到被人提醒时乾隆已走到近前，由于来不及穿衣服，他慌忙中就钻到了椅子下面。

看着纪晓岚狼狈的样子，乾隆觉得很可笑，于是就想和他开个玩笑，便一屁股坐在那把椅子上面，让大家继续去忙，并且故意在椅子上面坐了两个时辰不说话。纪晓岚躲在椅子下面不敢动，因为天气酷热，最后实在忍不住了，可又不确定乾隆是不是已经走了，便伸头问同事们："老头子走了没有啊？"

乾隆大笑，大家也笑了。乾隆让纪晓岚出来，故意装作不高兴的样子呵斥道："纪昀无礼，何得出此轻薄之语？你要好好解释解释，不然杀头。"纪晓岚大为尴尬，乾隆命太监为他穿上衣服，又训斥道："你胆子不小，为什么称朕老头子啊？"纪晓岚在穿衣时就想出了应答之语，因此不慌不忙地解释道："臣民都称皇上为'万岁'，岂非'老'乎？君是元首，就是'头'儿了；皇上为天之子，而子万民，所以叫'子'啊。"一听此话，乾隆很是高兴。*

皇帝虽然是开玩笑，不过怎么巧妙应答却是个难题。纪晓岚的这番歪解，不仅给自己解了围，还变相地拍了皇帝的马屁，自然让皇帝非常满意，同时也留下了这段风趣故事。事实上，纪学士的这番歪解是把词组进行分解，逐个解释了每个汉字的意思，"老头子"可不是什么高雅的词儿，要是直接解释是怎么也没法和皇帝挨上边的，可是单个字来解释，情况就不一样了，让皇帝这个"老头子"甚是欢喜。

当然，这种歪解不是为了去刻意地咬文嚼字，而是为了缓解局面，当然也为众人带来了乐趣。按照正常的思维来想，这歪解本来是荒谬之言，把不相干的事情扯到了一起来说，还说得头头是道，不是平常的思维模式，看似无稽，其实细细品来，还是有一定的道理的。

说到歪解，就不能不说说另一位歪解大师，那就是加菲猫。他扭动

---

*摘编自金满楼著《大清野史之谜》，北京：北京工业大学出版社．2009年

着肥肥的身躯，出口成章，不过可全是歪理，简直是个幽默大师。他只喜欢吃和睡，以及欧迪，他的生活因此充满了歪理。对于自己所喜欢的意大利面和猪肉卷，加菲猫说："有了意大利面，谁还会吃老鼠呢？这个世界上还有很多比钱更重要的东西，比如说意大利面。""最可爱的东西莫过于一张放着猪肉卷的小桌子。"加菲猫有三个愿望："第一个是要猪肉卷，第二个还是猪肉卷，第三个，哦，你错啦，我想要更多的愿望，那样我就能得到更多的猪肉卷啦。"

面对大家对他肥胖身材的嘲笑，加菲猫的歪理是："球形也是一种身材。"另外他还总结了自己的"减肥秘笈"：不要打算吃不够再来第二轮，第一次就要拿够食物；把磅秤的零点调成负5公斤；绝对不吃减肥糖；不要结交家里开餐厅或糕饼店的女朋友；减肥应多吃蔬菜，所以该多吃南瓜派、蔬菜饼干；冷食不宜多吃（但冰激凌除外）。每餐留一点儿，不要统统吃下肚，比方说，冰激凌圣代上的那颗樱桃；多跟比你胖的人在一起……

面对他的这些可爱的歪理，我们在笑过之后，总是觉得有点什么感触，因为他的每句歪理都说到了我们的心里，而事实上，我们每个人的心里都像加菲猫那样，或多或少地存在着对他人、对规则的不满。但是面对现实，我们只能徒发感慨："但那又能怎么样呢？我又不是加菲猫。"的确，我们不能用加菲猫的歪理来处理事情，所以只能对着他的歪理报之以大笑了。

大家对《三国》都很熟悉，很多文人墨客也对三国有着自己的见解。有一位幽默大师就曾经对三国进行了"批注"，不过是歪批三国。他的"批注"都与"三"有关，比如说三国里有三个做买卖的：刘备是卖草鞋的，张飞是卖肉的，赵云是卖年糕的。前两个大家都知道，可是为什么说赵云是卖年糕的呢？他的理由是，京剧《天水关》里姜维唱的一段流水板中有言："……只有赵子龙老迈年高（老卖年糕）。"另外，他还根据周瑜的感叹"既生瑜，何生亮"，得出周瑜的母亲为季氏，而诸葛亮是何氏老太太生的。这位幽默大师就是苏文茂老先生，他的苏批三国以文雅的表述让这些歪解给我们留下了深刻印象，并用自己独特的"理解"方式给我们带来了欢笑。

将"错误"进行到底

【幽默你世界】

将错就错之所以能够转为幽默,就在于它能使正常的动因变成歪曲的结果,而且越来越歪,越来越毫不相干,从而形成强烈的反差和连锁反应,让人忍俊不禁。

比如,说话时,你把"兢兢业业"说成了"克克业业",结果有人说你说错了,你不妨将错就错继续说:"我太重视'业'了,所以时时刻刻都在想着它。"

人非圣贤,孰能无过?错而能改,善莫大焉,这是中规中矩的做法;倘若将错就错,一错到底,就属于顽固了。不过,用幽默的方式将错就错往往能产生很多笑料,让错误在幽默中得以冲淡化解。

诚然,将错就错不一定是最好的解决办法,不过在缓解气氛方面应该是效果最好的。因为人们在自己犯错的情况下,如果很痛快地承认错误会把气氛搞得很僵,自己也会变得很被动;要是装作什么事都没发生过又会让对方觉得很不受尊重,心里很不舒服。所以,这时就值得采用一下这个将错就错的方法。

一位先生在餐馆用餐时,无意中发现汤里有一只漂浮的苍蝇,于是很生气地叫来了侍者,指着苍蝇问道:"天哪,它在这里做什么?"侍者弯下腰,仔细看了半天,微笑着回答道:"先生,它是在仰泳!"这句风趣之辞马上逗得顾客们捧腹大笑。*

在这种情况下,无论侍者如何解释、道歉,都只能受到尖锐的批评,甚至会引起顾客的愤怒。因此这位聪明机智的侍者就选择了将错就错,既然已经有了苍蝇在汤里,那就顺着这个来说吧,就着顾客所问的苍蝇在干什么这个问题的思路,顺水推舟地回答——"它在仰泳"。就这样,一句幽默的话语帮了侍者的大忙,不但把他自己从困境中解救了出来,使气氛得以缓和,而且还让那位本来气势汹汹的顾客在开口大笑之余不再追究这个错误。

将错就错并非不得已而为之的办法,而是一方为了争取主动权而先下手为强,改变自己的弱势地位,从而为自己加分。当然,生活中也会出现这样的情况,即对方蛮不讲理,指鹿为马,那么对付这种人最好的武器还是将错就错,你错我也错。

有一年,河南某县两季遭灾:夏季里的一阵冰雹,使地里的收成减少了五成;秋季又遇上大旱,地里只有三成的收成。秋收过后,官府就开始派人下来收皇粮了。老百姓向村官苦苦求情,让他向县太爷禀明灾情,把这一年的皇粮给免了。

可是这个县的县官是个不管老百姓死活的昏官,听了村官的禀报后竟说:"夏季收了五成,秋季收了三成,这样加起来不就是八成了吗?收了八成,这就不错了,所以全年的皇粮一点也不能少。"无奈,村官只好把县太爷的话转告给百姓们,让大家赶紧筹钱。

村里有个叫王原的孩子,人虽小,却十分机灵。他听说昏官不肯免皇粮,就对村民们说:"你们让村官告诉县太爷,我们村遭了灾,没钱交皇粮,明天由我到县衙上跟他说理去。"村民们都知道这孩子点子多,于是就托村官到县衙把信儿捎给了县太爷。

第二天,县官早早地坐在大堂上,就等说理的人来了,好给他个厉

---

*摘编自田伟编著《幽默改变人生全集》,哈尔滨:北方文艺出版社.2006年

害看看。一会儿,一个十岁左右的孩子走进大堂。县太爷一见,把脸沉了下来,厉声喝道:"一个小孩子家懂得什么,回去叫个大人来!"王原说:"我已经九十九岁了,还小吗?"

县官一听,气就不打一处来,瞪起眼喝道:"胡说!乳臭未干的小子,竟敢在这里戏弄老爷我!"说着,便命左右的衙役:"把他给我轰出去!"王原却镇定自若地说:"别忙!"接着就伸出左右手的食指比作两个"九"字,然后不慌不忙地说道:"大人,我爷爷九十岁了,我九岁,加起来不就是九十九岁了吗?"县官把惊堂木一拍:"一派胡言!有这样算年龄的吗?"王原答道:"县太爷,我们村夏季收了五成,秋季只收了三成,你又为何把两季加在一起,当八成收呢?"县官无言以对,最后只好按朝廷的规定减免灾区的皇粮。*

机灵的王原就是将糊涂县官的错误理论进行到底:既然收成可以相加,那年龄也可以相加了。如此一来,县官自然知道自己的错误理论是站不住脚的,所以只能免除皇粮。

生活中糊涂的县官并不多见,不过爱钻牛角尖的人还是不少的。这种人往往总是认为自己是对的,不管别人怎么劝都不听。这个时候,要想说服他,就只能是将错就错,让他认识到自己的错误。这一点在老一辈人身上体现得很明显,因为他们的生活经验丰富,对自己的看法往往一时间很难改变,尤其是一些习惯也是不会轻易改变的。比如,老人们会很节俭,尤其是对自己的吃穿,有时候甚至会很苛刻。

小刘的公婆就是一对很节俭的老人,平常难免会有一些剩饭剩菜,老两口总是舍不得倒掉,就在下顿再拿出来吃。吃剩饭剩菜对身体健康不利,小刘劝过几次也没什么效果,就不好再说了。这次,小刘又看到老两口在吃昨晚的剩饭菜,忽然灵机一动,让儿子小虎去和爷爷奶奶一起吃。当然,面对宝贝孙子,老两口自然不舍得让孩子吃剩饭菜,因此

*摘编自李屹之主编《语林趣话全集》,北京:新世界出版社,2010年

只好把饭菜倒掉了。见此情形，小刘心中窃喜，于是此后每次再看到老人吃剩饭菜，就暗示小虎过去凑热闹。几次之后，两位老人竟然改掉了吃剩饭菜的习惯。

言语的"调包计":偷换概念生幽默

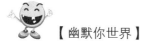【幽默你世界】

在偷换概念的过程中,通常情况下,概念被偷换得越是离谱,所引起的预期的失落、意外的震惊就越强,概念之间的差距掩盖得越是隐秘,发现越是自然,可接受的程度也就越高。

比如,当你在大街上行走时,一个缺乏礼貌的路人对你说:"喂,怎样走才能去××医院?"对于这种缺乏修养的问路人,你不妨对他说:"这很容易,只要你闭上眼睛,横穿马路,几分钟后就会到的。"

我们知道,在理性思维中,概念的含义是要稳定不变的。因此古希腊哲学家亚里士多德在他的逻辑学中就规定了一条:思考问题时概念要统一。他把它叫作"同一律"。违反了这条规律,就叫作"偷换概念",也就是说,字面上你没有变,可是你把它所包含的意思偷偷地换掉了。而幽默往往需要调动的是人的感性思维,因此对于理性表述来说是破坏性的那些东西,对于幽默式表达来说则可能是建设性的。所以"偷换概念"这种说话方式往往能够制造幽默效果。

日常生活中,大家开开玩笑也常常会使用这样的幽默方式。比如某人买了件新衣服,换上之后对着镜子左照右照,还要问家人朋友好不好看。如果朋友想逗逗她,就会说:"好看好看,衣服真好看。"买新衣服的人问好不好看,其实是想问自己穿上新衣服好不好看,而回答者呢,因为省略了主语，就将主语偷换成衣服，不去夸人好看，而是夸衣服好看。这样就既不伤害对方的自尊心，同时又很巧妙地达到了幽默的效果，可谓一举两得。

当然，还可以在不经意中转换自己话题的方向，让听的人慢慢地接受这种转变，最终接受自己的看法。

明代文学家徐文长自幼就很聪明，很小的时候就被称为神童。一次，两位朋友拜访徐文长，朋友张三悄悄地将徐文长拉到一边说："文长兄，今日你若能令李四'呱呱呱'地叫三声，我就请客吃饭。"徐文长笑道："此事极易。"随即他就把张三李四这两位好友带到一片西瓜地中，然后手指瓜田对李四说："李兄啊，你看这一片葫芦长得多好啊。"李四迷惑不解地问道："文长兄啊，这明明是瓜嘛，你怎么说是葫芦呢？"徐文长道："是葫芦。"李四道："是瓜。"徐文长又说："葫芦！"李四说："瓜！"徐文长说："葫芦，葫芦，葫芦！"李四大声争辩道："瓜，瓜，瓜！"

见此情形，一旁的张三早就被逗得忍不住哈哈大笑起来，他心悦诚服地拱手对徐文长说道："徐兄高明，佩服，佩服啊！"而李四呢，看着眼前的一幕，心里犯迷糊，不知道两位好友葫芦里究竟卖的是什么药，待到弄清真相后，也不禁哈哈大笑起来。

徐文长的高明就在于他偷换了概念，即把"呱"换成了"瓜"，从而让李四在不知不觉中帮助自己达到了目的。

由此可见，概念偷换得越离谱、越隐蔽，概念的内涵的差距就越大，产生的幽默效果也就越强烈。

生活中这种偷换概念的笑料是很普遍的，看似不合逻辑的对话中其实透着欢乐的序曲，幽默就在其中。很多小孩子在这方面也是高手，让老师不知该如何回答。

一次，老师问小杰："我们来温习昨天教的减法。假如你哥哥有五个苹果，你从他那儿拿走三个，结果怎样？"小杰挠了挠小脑袋说："结果嘛，结果他肯定会揍我一顿。"顿时课堂上一阵哄笑。

如果单从这节数学课的角度来看，小杰的这种回答是十分愚蠢的，因为老师问的"结果怎样"很明显是"还剩下几个苹果"的意思，可是小杰却把它转移到私自拿走哥哥的苹果的问题上去。不过，也正是因为偷换概念，才使这段对话产生了一种幽默的效果，惹得大家哄堂大笑，而老师也不去追究小杰回答得对与错这个问题了。

一个体育爱好者问："你说踢足球和打冰球比较，哪个门好守？"另一个人答道："要我说哪个门也没有对方的门好守。"从常理上说，提问者的"哪个门好守"是指在足球和冰球的比赛中，对守门员来说本方的球门哪个更容易守，这是个仁者见仁，智者见智的问题，很具有探讨性，而回答人的回答一下子转移到比赛中本方球门和对方球门的比较上去了。这看似是一句"废话"，没什么实际的意义，不过的的确确为我们带来了幽默。

小军和小明这天放学后结伴回家，路上，两人谈起刚公布的期中考试成绩，小军问小明："你这次没考好，你家里人会怎么对待你？"平时酷爱打乒乓球的小明一脸愁容地对小军说："按照以往的经验，我如果考试得70多分，就是女子单打；要是考得60多分，就是男子单打；今天是50多分，那肯定是男女混合双打了。"

小明说的"男子单打"、"妇子单打"、"男女混合双打"都是体育术语，被偷换过来用来说明家人的惩罚，就是属于偷换概念，它反映了家人对子女的教育问题，让人听了觉得幽默感十足。

当然，概念被偷换以后，表达的意思还是讲得通的，但是这种"通"不再是"常理"上的"通"，而是另一个角度上的"通"，由此既显示出说话者的机智，也产生了很好的幽默效果。

移花接木，答非所问：另类幽默法

【幽默你世界】

在人际交往中，答非所问也是一种学问，就看你的答非所问有没有价值和技巧。有些问题我们不能明白地回答，却也不能不回答，所以最好的办法是答非所问或是顾左而言他，只要不违背做人的原则、不违背道德和良心就可以。

假如有朋友当着众人的面故意揶揄你："小王，听说你老婆对你管教挺严格的，晚上10点以后回家都得提前申请，你觉得你们过得幸福吗？"你不妨笑着回答说："我姓王，这年头幸福（姓福）的可真不多，所以想必你也是如此吧。"

幽默就是这样神奇，当你直截了当地回答对方的问题时，答案就像一个剩了几天的馍馍，显得干巴、无味，而当你间接、侧面地说出一些看似与对方所说主题无关的话时，却能引起对方的关注，这就是答非所问法。运用此方法不仅能解决问题，还能产生很好的幽默效果。

帕格尼尼是一位很受大家欢迎的提琴演奏家，他音乐造诣很高，为人也风趣幽默，因此很多贵妇都喜欢邀请他去家里做客。一次，一位贵妇邀请帕格尼尼第二天到她家去喝茶，帕格尼尼接受了邀请，贵妇很高兴。告别时，贵妇笑着对帕格尼尼补充说："亲爱的艺术家，请你千万不要忘了，明天来的时候带上您的提琴！""这是为什么呀？"帕格尼尼故作惊讶地说，"夫人，您是知道的，我的提琴从不喝茶。"

音乐家的回答很幽默。大家都知道贵妇的意思是在喝茶之余，希望音乐家能够在她的家里为她演奏提琴，可是帕格尼尼却假装听不懂对方话里的这层意思，还是顺着喝茶的思路往下接，从而得出的结论就是提琴就不用带了，因为它是不喝茶的。

音乐家用自己答非所问的方式让问题得到了很好的解决。其实他并不想在别人的家里作助兴演出，同时对这种邀请、喝茶也不是很感兴趣，只是出于礼貌而不好意思拒绝。而演奏的事情，直截了当地拒绝也是不合适的，所以他选择了用答非所问的幽默方式来为自己解围。

问有艺术，答也有技巧。问得不当，不利于交流；答得不好，同样也会出问题。在交流中，回答问题可不是一件容易的事，要想使答案清楚、完备，还要有所创新，是必须要讲究一点技巧的。

因此，很多时候我们可以运用"答非所问"的幽默技巧来回答别人所提的问题。那么到底什么叫"答非所问"呢？其就是指答话者故意偏离逻辑规则，不直接回答对方的提问，只是在形式上响应对方问话，进而通过有意的错位造成幽默效果。当然，答非所问并不是逻辑上的混乱，而是用假装错误的形式幽默地表达潜在的意思。

所以说，答非所问就像是嫁接一样，在砧木上面接上自己想要种的植物，接口吻合了，那么就可以结出想要的果实。而问题就像是砧木，可能是这个样子，也可能是别的样子，但是为了达到自己的目的，应答者就要在这问题上表述出自己想表达的意思，并且逻辑要符合。

不仅是帕格尼尼，很多名人都会碰到令人无奈的情形，比如某些无聊的人对名人的私生活似乎总是很感兴趣，总是喜欢问这问那，甚至有些是不怀好意的提问。面对这种情况，如何巧妙回答就很考验名人的智慧和胸怀了。

有个小报的记者在一次采访著名作家小仲马的过程中，一直盯着他好奇地追问："尊敬的作家先生，请问您最近在做些什么？"小仲马平静地答道："难道您没看见？我正在蓄络腮胡子。"

其实这位小报记者问的是小仲马近期做了哪些重要的事情，有什么作品，有什么安排。而机智幽默的小仲马呢，自然是懂得对方问话的意思的，但他偏偏答非所问，故意把蓄胡子当作极重要的事情，这显然与问话目的不相符合。所以表面上看小仲马是在回答那个记者，而实际上并没给对方传递什么有用的信息。与此同时，小仲马的这句话还包含着一层拒绝的暗示：无可奉告，请不要再纠缠了。

所以说，小仲马的这种答非所问的方式非常巧妙而又充满智慧，他不仅能够抓住表面上某种形式上的关联，不留痕迹地闪避实质层面，求得出其不意的表达，而且也使自己摆脱了被动局面的困扰。

著名美国总统林肯曾经也有过类似的经历。

一天，一位妇人来找林肯，她理直气壮地说："总统先生，你一定要给我儿子一个上校的职位。我们应该有这样的权利，因为我的祖父曾参加过雷新顿战役，我的叔父参加了布拉敦斯堡战役，而我的父亲又参加过纳奥林斯之战，我丈夫参加了曼特莱之战，所以……"林肯接过话来说："夫人，你们一家三代为国服务，对国家的贡献实在够多了，我深表敬意。但是现在，你能不能给别人一个为国效命的机会？"一听此话，妇人无话可说，只好讪讪地走了。

这位夫人本来是想通过自己一家人的"功勋"，来为自己的那个可能不是太出色的儿子谋个职位，之所以如此历数家人的战绩，目的就是为了获得林肯的同情，让总统看在这些亲人功勋的分上答应这件事。而林肯的回答却十分巧妙：既然你的祖父、父亲、丈夫都已经享受了这些权利，那你儿子就不要再享受了，还是让给其他人吧。因此林肯的这种答非所问的巧妙之举，很顺利地就使自己从被动转为了主动，最终让妇人无话可说。

很多时候，由于人们思考问题的角度不同，因此错误理解对方讲话意思的事情是经常发生的。当别人对你的答复作了错误的理解，而这种理解又有利于你时，你不必去更正和解释，而应该幽默地将错就错，因势利导，这样效果才能更好一些。

　　事实上，答非所问是很需要技巧的，因为移花接木并不是什么植物都可以的，还是要有所要求和选择的，只有相同属种的植物之间才可以进行嫁接。同样的道理，只有逻辑关系正确的问题与答案之间才能产生移花接木的效果，并相得益彰，为人们带来出乎意料的幽默。

PART 5
逻辑不通：矛盾亦幽默

让生活不再苦闷，让交际再无障碍，让职场愈发得意，让情场充满欢愉！

故意颠倒逻辑，荒诞不经也生笑

【幽默你世界】

事实上，在现在所流行的笑话中，有很多都是以混乱的逻辑为笑点的。因此当我们在与人交流时想要讲个笑话来活跃气氛，下面这些小幽默就是不错的选择——

1.小李有两个哥哥，大哥叫大虎，二哥叫二虎，请问小李的爸爸叫什么？

答案是：谁知道！

2.我是一个执著的人，摔倒了就会自己爬起来。摔倒了一次，我自己爬起来；摔倒了两次，我又自己爬了起来；摔倒第三次，好吧，我承认自己不执著，但还是不得不系上了鞋带。

幽默的谈吐不仅可以使人们之间的交往变得轻松愉快，而且还可以增加个人的魅力，让其成为一个魅力四射、走到哪里都受欢迎的人。那么怎样才能使自己变得富有幽默感呢？我们不妨试试使用颠倒逻辑的幽默术。

所谓颠倒逻辑的幽默术，其实就是通过故意扭曲别人话语中的逻辑关系，来达到幽默效果的一种说话技巧。

小王是某公司的业务推销员，一天下午，他正走在下班回家的路上，忽然收到一个莫名其妙的短信："老公，今晚回家吃什么饭呢？"仔细一看发短信的人，竟然是自己以前的一个女客户。看到这里，小王知道肯定是对方不小心发错了对象，于是就不动声色地给那位女客户回了这样一条短信："老婆，咱们家在哪儿呢？"没过多久，女客户打来电话，满含笑意地向小王道歉，说那条短信是自己不小心给发错了，并夸赞小王真是个有趣的人。

按照正常的逻辑，小王即使不告诉对方说她发错了短信，也不应该就原话意思这样回话，但小王偏偏一反正常逻辑，逆向而为，结果不但没让对方气恼，反而还觉得他很有趣。

运用颠倒逻辑的方式来达到幽默的效果的具体方法有很多，一般来说，我们经常使用的逻辑关系主要有因果关系、主次关系以及时间和空间上的先后关系。

首先，利用因果关系的逻辑混乱来制造幽默。这个方法说起来似乎非常难以理解，实际上却是很简单的事情。比如说有的男人很会讨好自己的女朋友，如果两人约会的时候正好赶上好天气，女孩子感叹一句："今天天气真好，是个约会的好日子。"而聪明的男友就会回答："那是，我女朋友这么漂亮，出来玩儿，天气能不好吗？"其实，女孩子漂亮和天气好不好不存在因果关系，但是男孩子有意颠倒这个逻辑关系，将这个逻辑混淆着使用，结果取得了幽默的效果。

其次，利用颠倒主次关系来表达幽默。在某些重大的场合中，故意忽略主要人员或是主要因素来思考或解决某些问题，往往也能达到幽默的效果。

在一场慈善晚会上，主办方邀请了一位女明星前来参加活动。那位女明星因为名气比较大，处处耍大牌刁难大家。舞会开场的时候，通常要由主办方代表和所邀请的明星一起跳开场舞。但是出人意料的是，这位代表竟然自己跳上台去，代替了司仪的位置，邀请了"他心目中最美丽的女星"——参加晚会的另外一位女性跳了这场开场舞。看着这出乎意料的一幕，那位动不动就耍大牌的女明星尴尬极了。而参加晚会的众人见了，都禁不住笑了，晚会气氛由此一下子活跃起来。

主办方代表有意颠倒主次关系，既达到了回击女明星的目的，其滑稽的行为无形中也产生了幽默的效果。

最后，利用颠倒时间和空间上的逻辑来幽默。很多时候，时间和空间逻辑的混乱所带来的凌乱感，往往都能给大家带来幽默的感觉。比如在寒冷的冬天，有人身穿短裤和短袖在外面跑，看到这种情形，很多人都会觉得这个人很滑稽。再如，人们在观剧时看到在不活动也冒汗的三伏天里，有人穿着棉袄，还提着火炉烤火，都会忍不住笑起来。这些实际上都是因为当事人颠倒了时空的逻辑关系而使自己的行为显得滑稽可笑，从而产生了幽默。

运用反差带来"顿跌生趣"的强效

【幽默你世界】

反差的优势就在于能够在跌宕中获得亮点,不管你是否刻意去制造,它总是会吸引你的注意,让你不容忽视。

假如你和你的妻子吵架了,妻子恼怒地对你大声嚷道:"我恨死你了!"这个时候,你千万不要误会她的意思,因为妻子也许是在表达:"我爱死你了!"如果你不能识别这一点,不识趣地暴跳如雷,那可就大煞风景了。

再比如,夏季来临,你拿出箱底的裙子来试穿,发现都穿不进去了。这个时候你不妨为自己解释道:"唉,过了一年,衣服都变小了。"

搞过设计的人都知道,反差是设计中常用的手法,好的反差设计可以给人一个极好的印象。为了吸引欣赏者的眼球,设计师往往设计出很明显的突出元素来引导人们体验,比如通过选择空间、颜色等来取得良好的反差效果。

同样的道理,人们在进行语言表达的时候也可以采用这种反差的手法,让自己的话语跌宕起伏,而不再是无滋无味的温吞水。

英国某位作家身材高大,仪表堂堂,美中不足的是嗓音过于柔和,没有阳刚之气。不过他并没有因此而自卑,有时候,他还能借此制造很好的幽默。

一次，这位作家去美国旅行，应邀举行了一次演讲。演讲开始前，主持人用华丽的辞藻，喋喋不休地将他介绍给听众。作家觉得主持人的介绍太多太乱，而听众也似有厌倦之色，于是等主持人介绍完后，就站起身对听众说："在一场旋风过后，随之而来的是一阵平静而柔和的微风。"然后他用自己颇具特色的嗓音为大家带来了一场别开生面的演讲。演讲结束后，大家对他别具特色的开头和嗓音津津乐道。*

试想一下，如果这位作家不采用这种富有反差的语言来作为开场白的话，那么他一开口，听众们就会很自然地对他的嗓音评头论足。这样一来势必会影响到接下来的演讲效果，至少大家会对他的嗓音介怀上一阵子，而作家自己心里也会感到不舒服。与其如此，倒不如直接和主持人来个正面的对比，告诉听众们：我的嗓音就是如此的与众不同。那么听众们自然也就不会再因这个问题而纠结了，并且和这位作家的距离也就拉近了许多。这就是反差的别样效果。

在一个寒冷的冬天，两个穷书生穿着单衣在寒风中瑟瑟发抖。有人问其中一个书生："这么冷的天，为什么只穿单衣？"对方回答道："因为不穿单衣会更冷。"而另一个书生以家贫为耻，当别人问他同样的问题时，他回答说："我从小得了一种热病，不能穿厚的衣服。"很显然，第二个书生在说谎话。接着，一位朋友邀请他到家里做客，留他到天晚，问他为何在冬天穿单衣，这位穷书生还是说有热病，于是他的朋友就说："既然这样，那今晚你就在凉亭内休息吧！"结果，在凉亭里待了半夜，书生冻得实在受不了了，于是就仓皇逃走了。第二天，朋友碰到了他，问："为什么昨夜留宿，不辞而别？"书生红着脸解释道："唉，我怕日出天太热，所以趁着早晨凉快就走了。"

看了这个故事我们除了能领略到有些凄凉的意味外，还会感到十分可笑。同样是穷书生，同样是天冷买不起厚衣，可是两者对此的心态却

*原文题名《旋风和微风》

是截然相反：第一位书生面对窘迫的生活，还能笑着面对，风趣地回答别人的提问，他是乐观而幽默的；而第二个书生则因为虚荣心作怪，对自己的处境遮遮掩掩，不肯向别人承认自己贫穷的处境，说明他自己在心里也不能面对自己的处境。如此一来，当友人看穿这个书生的谎言之后，对他就不是同情，而是顺着他所说的话捉弄了他一把，他也只能吃个哑巴亏，还要继续圆自己的谎。

一位饭店经理在大厅外散步时，遇到了一位愁眉不展的擦鞋匠。饭店经理走过去用手拍着擦鞋匠的肩膀安慰他说："朋友，不必这样悲观，我年轻的时候也曾给人擦过皮鞋，可你瞧，我现在却是这个大饭店的经理了。只要你积极地参与社会竞争，总会有出头的日子的。"饭店经理话音刚落，擦鞋匠就唉声叹气地说："唉，你可能不知道，我原来就是大饭店的经理，可现在却在这里给人擦皮鞋，就是因为参与社会自由竞争啊。"

如果只有经理对擦鞋匠所说的话，那这就是很有教育意义的励志言论，可是加上那位鞋匠意味深长的几句话，两人的对话也就有了很强的反差对比效果，也就具有了富有深意的幽默意味了。

在地铁里，我看到旁边一美女掏出了iPhone4，然后一个文艺青年也跟着掏出了iPhone4，一商务男默默地看了他俩一眼，随即掏出了ipad2。这个时候，我诡秘地一笑，掏出了我的诺基亚，然后在过道里砸开了一个核桃。见此情形，周围的人瞠目结舌，似乎整个场面都被我hold住了……

这是一个很有反差效果的笑话。手机时代，苹果产品大行其道，不管是什么职业、什么需要的人，只要有足够的钱，都会选择购买。在这种流行iPhone的大趋势下，你要是不买一个似乎就真的是out了。而"我"却在地铁中的乘客们纷纷掏出苹果产品来"显摆"的时候，勇敢地举起诺基亚，用砸核桃来证明了这样一个观点：皮实的诺基亚是永远是不会过时的，我可以摔，可以磕，甚至可以砸核桃，这就是无敌的诺基亚。反差的举动不仅达到了"我"的目的,还让人顿觉妙趣横生,十分幽默。

"捏造事实"：张冠李戴幽默法

【幽默你世界】

张冠李戴并不难，或许一个无心之举就能达到这样的效果。不过想要做到风趣而又深刻就不容易了，合适的情形再加上审时度势的眼光以及丰富的语言是不可或缺的。

假如你经常和你的妻子开玩笑。一次，妻子问你："你最爱我哪一点？是我的天生丽质呢，还是我动人的身材？"对此，你不妨故作一本正经的样子回答说："我最爱你的这种幽默感。"

很多人都有这样的体会：观赏马戏团的演出时，经常会觉得那些穿人类服装的猩猩、猴子之类非常滑稽可笑，因为兽类本来不具有人类文明行为的特征，把人类文明行为的东西强加于动物身上，自然给人以不协调感，所以容易为之发笑。这就是张冠李戴制造的幽默效果。而说话时故意用甲来代替乙，并使之在特定的环境中具有不协调性，且意味深长，就能产生幽默。

一个毕业多年的学生请曾经的老师谈谈他保持身体健康的经验。老师笑着回答："经验只有一条，那就是保持进出口平衡。"学生听了不禁笑了。"进出口平衡"本是外贸行业里的一个比较大的术语，却被老师借代到饮食养生问题上来，其言外之意是不言而喻的，既说明了新陈代谢对身体的重要意义，又在不协调的借代中造成一种大与小的反差，听之趣味无穷。老师选择的"帽子"无疑是十分恰当的，因此才让人产生了丰富的联想，在联想中体味出幽默的味道。

在运用"张冠李戴"的幽默术时，选择恰当的"冠"很重要，我们可以从现成的行业术语、专业术语等相关术语中去选择，这样的选择比较容易，除此还可以在交际过程中选择适当的词语来完成换名，这种选择和应用相对要难一些，但只要替代得好，就会更有现场效果和机智的幽默感。

有一次，英国首相丘吉尔在访美期间，应邀去一家专门做烤鸡的简易餐厅进餐。丘吉尔很有礼貌地对女主人说："我可以来点儿鸡胸脯的肉吗？"

女主人温柔地回答说："丘吉尔先生，我们不说'胸脯'，习惯称它为'白肉'，把烧不白的鸡腿称为'黑肉'。"

第二天，这位女主人收到了一朵丘吉尔派人送来的漂亮的兰花，兰花上附有一张卡片，上写："如果你愿把它别在你的'白肉'上，我将感到莫大的荣耀——丘吉尔。"*

丘吉尔虽然因为女主人非要称"胸脯"为"白肉"而一时被弄得很被动，但机智的他现买现卖地把"白肉"借用过来，既嘲弄了女主人的咬文嚼字，也让自己很快就从被动中走出来。而以"白肉"来代称女主人的"胸脯"，这显然是把鸡和人扯到了一起，给人赋予了鸡名称，诙谐的讽刺中多了几分幽默感。这就是借用现场的交际语来实现张冠李戴的幽默。

借用交际语不同于借用专业术语，它必须有一个前提，就是双方都是当事人，都明白那个借用来代替的事物是怎么回事。否则，有些交际语是不适合张冠李戴的，因为这样对方不明真相，幽默的力量就不可能得到发挥，彼此也就不会觉得幽默了。

*摘编自西彤著《脱口而出》，西安：陕西人民出版社，2008年

一名小学生，上学时总爱忘记背书包，父亲责怪他说："上学忘记背书包就像士兵上战场忘记带枪一样。"过了几天，这名小学生准备去上学时，走到门前对站在身边的父亲说："爸爸，请把枪给我吧。"父亲先是一愣，接着明白了孩子的意思，原来他又把书包忘在屋里了，他是用枪来代指书包的。一句话说得父亲原本皱着的眉头顿时舒展开了，觉得孩子真幽默。

张冠李戴的幽默都会在让人发笑的同时引人思考，因为帽子的错戴很多时候并不是无意的，而是人们故意为之，目的就是为了让听的人明白自己的意思。

幽默可笑的事情往往容易引起人们的注意，也容易让人去仔细地品味。很多事情不是光从表面就能知道它的意思的，只有用心去体会才能发现其中的真意。幽默不是浅薄，深刻才能形成幽默，在幽默中也才能够体会到深刻。

绕弯巧解：把"压轴题"放到最后

【幽默你世界】

作为压轴的结尾，怎样才能圆满收场呢？反其道而行之是不错的办法，亮点也会随之出现。

比如，在炫富的人面前，你的一句"我不但有车，还是自行的"，往往就会让其他的语言都成为浮云。

再比如，当你面对自己不是很中意的表白者时，你可以说："你说……你喜欢我？其实……我一开始……其实我也……唉，跟你说了吧，其实我也挺喜欢我自己的。"

曲折之美在于含蓄和内敛，不是直白，不是粗俗，而是弯曲间蕴藏着智慧。悠然前进，左转右折，总是在最后才豁然开朗，其中滋味只有自己才能体会。

喜欢绕弯子的人一般来说都不会是愚者，由于他们不喜欢平铺直叙，而是喜欢把简单的事情绕出个圈子，自己在旁边乐呵呵地看着，这其中的乐趣只可意会而不能言传。

马克·吐温是美国的大作家，也是一个很幽默的人，他的演讲总是十分精彩。一次偶然的机会，马克·吐温与另一位作家一同应邀参加宴会。宴会上，两位作家要作演讲，马克·吐温首先发言。他一上台便滔滔不绝地讲了20分钟，语言风趣，思想犀利，很快就赢得了一阵阵热烈的掌声。见此情形，另一位作家也被他深深折服。

当轮到那位作家演讲时，他不慌不忙地站起来，面有难色地说了一句："诸位，实在抱歉，会前马克·吐温先生约我互换演讲稿，所以诸位刚才听到的是我的演讲，衷心感谢诸位认真的倾听及热情的捧场。然而不知何故，我找不到马克·吐温先生的讲稿了，因此我无法替他讲了。请诸位原谅我坐下。"

听了对方的这番话，马克·吐温心知肚明，但是当着这么多人的面又不好意思解释什么，所以只好很无奈地看着这位伙伴，然后向听众耸了耸肩。见此情形，与会者顿时大笑起来。

显然，这位作家很明智，也很幽默。前面马克·吐温的发言可谓妙语连珠，在这种情况下，如果他还像以前那样中规中矩地进行自己的演讲，恐怕不仅没什么更加吸引人的地方，反而会引起人们的鄙视。但是，他简单的几句话就让整个局面发生了变化，并使自己成为了最大的亮点，同时也把整个宴会的气氛推到了一个高潮。

我国著名语言学家林语堂，有一次应邀到某大学去参观。参观后，校长请他到大餐厅和学生们一块用餐，林语堂欣然答应。见此情形，校长觉得这是一次难得的机会，就临时请他和学生讲几句话。林语堂很为难，无奈之下，就讲了一个笑话。

他说道：古罗马时代，统治者常派手下将活人投到斗兽场给野兽吃掉，因为这些人就喜欢观赏野兽吃活人的那种鲜血淋漓、惨不忍睹的场面。有一天，统治者命令将一个反动演说家关进斗兽场，让一头狮子去吃。这人见了狮子，并不害怕。他走近狮子，在它耳边轻轻地说了几句话，只见那狮子掉头就走，不去吃他了。看到这个场面，统治者感到十分奇怪，以为是这头狮子肚子不饿，所以见了活人也懒得吃，于是就又命令放出一只饿了几天的老虎来。饿虎两眼放着凶光扑过来，可是那位反动演说家呢，依然镇定自若，故伎重演，走到老虎近旁，向它耳语一番。结果，那只饿虎竟然也灰溜溜地逃走了。目睹这一切，统治者简直难以置信，于是连忙将那人召来盘问："你究竟向狮子和老虎说了些什么话，让它们不敢吃你呢？"演说家不慌不忙地回答说："陛下，其实很简单，我只是提醒它们，吃掉我当然很容易，可是吃了以后你得开口说话，演讲一番你吃我的感受。"

林语堂的话音刚落，餐厅里顿时掌声雷动，大家笑得前俯后仰，唯独那位校长脸色通红，啼笑皆非。

其实，林语堂讲这个故事的目的是在委婉地告诉校长，演讲并非易事，而强人所难更是不对。事实上，林语堂的这种绕弯巧解的幽默很像是相声中的"抖包袱"，即先慢慢地做着铺垫，不疾不徐地进行着，等到最后时机一到，再把这个大包袱"啪"地抖开。因为有了之前的诸多铺垫，这个亮点就显得自然而生动，效果很好。很多笑话就是基于这种模式而产生良好的。

有四位好友一同出差，旅途中，他们闲聊起来。一个说："我们四人认识很久了，但是肯定还有很多彼此之间不知道的缺点，不如趁此良机畅谈各自的缺点，好让我们增加了解。"其他三人都点头同意。

第一个朋友说："我好喝酒，常常是见酒不要命，不醉不罢休。"其他三人听罢，心想，这可有点夸张啊，自己一定不能输给他，于是憋着劲儿准备吹牛。第二个人说："既然老兄如此坦诚，我不妨也实话实说吧，我好赌，有时甚至想偷钱去赌。"第三个朋友说："老兄们，我真是伤透脑筋了。知道吗，我越来越喜欢邻居家的一个女人，一个有夫之妇。"

听了这话，轮到第四个朋友了，可是他默不作声，其他三人再三追问，他这才慢悠悠地开口说道："唉，我真不知道如何启齿呀！"见此情形，其他三个人都保证不会告诉别人。这时，这个人说："是这样的，我有一个改不了的毛病——好传闲话。"

这是一个很简单的几个人比赛吹牛的笑话，最后这个人所言之所以会更让人不由得发笑，从整个过程来看还是由于他的绕弯巧解，使得令人发笑的幽默效果更强烈。

学会自嘲，真正的幽默是反躬自笑

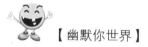【幽默你世界】

　　自嘲既不会伤害自己，也不会伤害别人，是交际中最为安全的沟通方式。它可以用来活跃气氛，增加人情味；可以用来稳定情绪，赢得自信；也可以用来作为拒绝之词，增进交际双方之间的情谊。

　　假如你是一个很壮的男子，和朋友在一起时不妨有意离得稍微远一点。当朋友问你为什么这样做时，你可以回答说："唉，其实我挺想和你们走得近一点，不过我怕挡住了你们的手机信号。"

　　钱钟书先生说过："真正的幽默是反躬自笑的，它不但对于人生是幽默的看法，对幽默本身也是幽默的看法。"的确，一个人如果能够嘲笑自己，大抵也可觉察别人的可笑之处；能够自嘲的人，其智慧一般也很高；通常只有那些在现实生活中以取笑他人为乐的人，才是真愚。

　　乾隆年间，宰相刘墉性情放荡不羁，不修边幅，衣服破旧不堪，甚至露肘裸踝，但他自己对此并不在意。

　　有一天，皇上召见刘墉。君臣二人说话间，刘墉身上有个虱子正沿着他的衣领往上爬，最后竟慢慢爬到了他的胡须上。乾隆皇帝看见这个场景，不禁偷着笑，而刘墉竟毫不觉察，依旧对答如流。刘墉吃完饭回家，被仆人看见，想给他拿掉。这时，刘墉才恍然大悟：原来皇上是在暗笑自己身上有虱子。

于是，刘墉一本正经地对仆人说："不要弄死这个虱子，这个虱子多次爬上宰相的胡须，它曾被皇帝细细观赏过，福分太大了，你们都比不上它。"一听此话，仆人掩嘴而笑，也就不再理会这事了。

刘墉借用自我解嘲的方式让自己从被动转为主动，由此可见，面对嘲笑，我们大可不必把时间花在思考对方抱有什么目的、跟我过不去等等这些猜测上，通过自嘲不仅能帮自己解除尴尬，还能取得妙趣横生的幽默效果。

魏晋文人刘伶是喝酒的高手，也是自嘲的高手。刘伶醉酒之后，并非如死猪一般酣睡，他能妙语如珠，令人莞尔。他瘦小干巴，其貌不扬，有次喝醉酒之后，与人发生冲突，那人捋起袖子伸出拳头准备"修理"刘伶。而刘伶呢，也把衣服撩起来，不过不是准备动武，而是露出狰狞可数的一排排肋骨，慢条斯理地说："你看看，我这鸡肋骨上有您放拳头的地方吗？"那人随后大笑着离开了。

刘伶及时地自嘲，有四两拨千斤之效，不但免了一顿皮肉之苦，还留传下来一段佳话。

一次，陈毅到亲戚家过中秋节，一进门就发现一本好书，便专心读起来，边读边用毛笔批点，主人几次催他去吃饭，他都没去，主人就把糍粑和糖端来。他边读边吃，竟把糍粑伸进砚台里蘸上墨汁直往嘴里送。亲戚们见了，捧腹大笑，他却说："吃点墨水没关系，我正觉得自己肚子里墨水太少哩！"

其实不管是大人物还是小人物，自嘲都能让其备受欢迎。大人物因自嘲可减轻尴尬而得好名声，小人物也可以苦中作乐，潇洒地生活。

丈夫要出国留学，他的妻子半开玩笑地说："你到那个花花世界，说不定会有其他的女人'投怀送抱'呢！"丈夫笑道："你瞧瞧我这副尊容：冬瓜脸，罗圈腿，站在路上怕是人家眼角都不撩呢！"一句话把妻子给逗乐了。

人人都很忌讳他人提及自己长相上的缺陷，可这位丈夫却能够很平静地接受自己的先天不足，并不在意揭丑。这样的自嘲体现了一种人生智慧，比一本正经地向妻子发誓决不拈花惹草的效果更好。

有一位身材矮小的男教师走上讲台时，学生们有的面带嘲讽，有的交头接耳暗中取笑。如果这位老师用严肃的目光扫视一下，自然也能挽回面子，或者给学生讲邓小平、拿破仑、爱因斯坦等伟人虽是矮个，但却作出了伟大贡献，这样历数矮个多奇人、多伟人或许也能奏效，然而，这位矮个教师却说："上帝对我说：当今人们没有计划，在身高上盲目发展，这将造成严重后果。我虽多次警告，但人们总是不听，就派你先去人间做个示范吧。"一席话让学生们都佩服老师的幽默，忘记了老师身材矮小的缺陷。

实践证明，自嘲幽默不管是你的优点还是你的缺点，都能使你的心灵轻松愉快，使你的自我价值得到升华。

有一位教师，虽然只有40多岁，但头发几乎掉光了，露出了一大片"不毛之地"。他第一次给学生上课，刚走进教室就听到一声"嗬，好亮"的叫声。等到他登上讲台，一个学生又低声哼起了"照到哪里哪里亮"的曲调，引得全班同学哄堂大笑。这位老师走到那个学生旁边，问道："你叫什么名字？"那个学生红着脸站了起来。此时全班默无声息，似乎在等待一场雷霆的爆发，可是这位老师轻轻地拍拍学生的肩膀，平静地对他说："请坐下吧，课堂上随便唱歌可不好呀！"说完，这位老师又接着拍了拍自己的头，爽朗地笑了起来，说："不过，这也太显眼，太引入注目了。你们也许听说过'热闹的马路不长草，聪明的脑袋不长毛'这句话吧。"两句话把全班同学逗得哈哈大笑起来。接着他干脆在课堂上向同学们讲明了因病脱发的原因，最后，他还加了一句："头发掉光了也有好处，至少以后我上课时教室里的光线可以更明亮。"他的话一说完，同学们又是一阵大笑，他也开怀大笑起来。

在笑声中，师生之间完成了有效的沟通，缩短了心理距离，化解了可能产生的紧张和对立；在笑声中，同学们感受到了这位老师的善良、可亲、幽默、豁达。从此这位老师上课的效果也格外好。

由此可见，在社交场合中，自嘲是不可多得的灵丹妙药，别的招不灵时，不妨拿自己来开涮。不过值得注意的是，自嘲并不是自我辱骂，更不是出自己的丑。我们在自我嘲讽时要把握分寸，既要超脱，又不应太过尖刻而让人感到屈辱。

PART 6
依样画瓢：模仿造幽默

让生活不再苦闷，让交际再无障碍，让职场愈发得意，让情场充满欢愉！

幽默中的太极拳：以眼还眼，以牙还牙

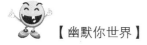【幽默你世界】

想要以幽默的语言达到击败对方的目的，我们还可以使用"以己之长攻彼之短"的技巧，即用自己先天存在的优势与对方的劣势进行对比，从而让对方输得无话可驳。

假如你的身材比较丰满而高大，当有人嘲笑你比较胖时，你不妨这样还击道："我的胖是暂时的，而你的矮是永恒的。"

再比如，面对你的某些举动，如果有人因为不理解而恶意嘲笑说："你有病啊？"你可以反问他道："你有药吗？"

众所周知，现代人的生活压力很大，好多人都会感觉自己的脾气不服管，有时候明明是小事情也压不住火气，如果遇到别人挑衅的情况，就更忍不住了，不是与对方针尖对麦芒地大吵大闹就是拳脚相加。但是，结果怎样呢？打赢了骂赢了也不过是一时的痛快，严重的还要付医药费又结个仇人。更何况很多时候自己还是输家，有理的也变成没理的了。

那么我们究竟该如何有效应对别人恶意的挑衅呢？其实中国武术中的太极拳就给了我们这方面的启示。大家都知道，太极拳一向以四两拨千斤著称，以柔克刚，厉害无比。同样的道理，在与人谈话的过程中，幽默的使用也能让人在不失风度的情况下"兵不血刃"地"打败"敌人，让对方为恶毒攻击你的行为或语言付出应有的代价。而当你掌握正确的

幽默方式，巧妙地以眼还眼，以牙还牙时，往往就更能让你痛痛快快地达到目的。

普希金在年轻的时候，有一次在舞会中邀请一位年轻的贵族小姐跳舞，结果对方不但不接受邀请，还在同伴面前非常不屑地说："我可不带小孩子跳舞。"面对这句有意的嘲讽，如果换做一般年轻男士的话，不是忍气吞声，就是据理力争，给大家留下和女人计较的无理形象。但是普希金却表现得不同寻常，他先是不慌不忙地对那位贵族小姐深施一礼，然后用充满歉意的口吻说道："对不起，女士，我不知道你怀孕了不能跳舞，抱歉。"随后就很自然地走到一边去了，只留那位女士在那里尴尬地站着，一句话也说不出来。*

其实，普希金的这句话并非没有礼貌，按照社交礼仪来讲，女士是可以拒绝对方的邀舞的，但是出口讽刺就显得不够厚道了，而普希金的"幽默"，正是找到了对方不得体的语言中的漏洞，运用讽刺，以牙还牙，所以那位女士只能自认倒霉。

事实上，运用幽默的方式对口出恶言的人以牙还牙，有时候比和对方打一架往往更让人觉得爽快和有成就感。但是在现实生活中，很多人都想这样做，却又不知从何做起。换句话说，我们到底该怎样巧用幽默才能达到"四两拨千斤"的效果呢？

首先，自己要保持冷静。想要"打倒对方"，自己就要先站稳，这是很浅显的道理。如果当时你很容易地被对方三言两语给激怒了，那么或许还没等你使用幽默，自己的拳头就已经挥出去了。所以，想要拿起幽默的武器来有力地反击对方，我们首先要做的第一步就是冷静、冷静、再冷静。

其次，寻找对方言语中的漏洞。

在世界性饥荒的年代，一位油头肥脑的富商，故意拿萧伯纳消瘦的

---

*摘编自颜永平、卓雅著《会说话赢天下》，北京：机械工业出版社．2010年

身形做文章,他对萧伯纳说:"看见你,我就知道现在全球饥荒的具体表现了。"这是讽刺萧伯纳落魄得像遭受饥荒的难民似的。岂料,萧伯纳听完这句恶意嘲讽的话语后,不仅没有恼怒,反而微笑着上下打量了富商一番,然后说:"看见你,我才知道世界为什么会发生饥荒。"

这句巧妙的反驳之辞顿时弄得那位富商哑口无言。还有个例子:

一个卖扫帚的人去一家理发店刮胡子。理发师向他买了一把扫帚。当理发师给他理完发后,问了一下扫帚的价钱。

卖扫帚的人说:"两元。"

"不,不,"理发师说,"我只出一元。如果你认为不够的话,可以把扫帚拿回去。"

卖扫帚的人取回了扫帚,随后问刮胡子要付多少钱。

理发师说:"五元。"

卖扫帚的人说:"我只能给你三元,如果你认为不够的话,你可以把胡子再替我接上。"

上面这两则故事都是一方运用"以眼还眼,以牙还牙"的方式对对方进行反击,因此不仅妙趣横生,而且让人充分体会到了反驳的巧妙和有力。

再其次,找准对方的死穴进行猛烈攻击。使用幽默来反击对方,想要达到彻底击败对手的目的,很重要的一点就是要找准对方的"死穴",从其"死穴"处下手,即打到对方最疼的地方,这样才能让你的回击达到最好的效果。

当然,想做到这一点可不那么容易,需要看人的观察力和社会经验。一般来说,穿得一丝不苟的人爱体面,看起来像上班族的男人看重自己的事业能力,而年轻女士呢,则最爱漂亮……总而言之,每个人看重的东西其实都是有迹可循的。

最后,要恰当地组织语言。并不是每个人都能做到快速的反应,也不是每个人都是灵活运用语言的专家,所以,想要自如地运用幽默作为反击的武器，大多数人都需要锻炼幽默意识，锻炼组织幽默语言的能力以及反应速度。

　　而对于普通人来说，要想能自如地运用幽默的语言不妨从模仿开始。有部电视剧里有一对情侣买婚戒，男士因为有了二心，总是对女士横挑鼻子竖挑眼，说她不会挑，说她品味低。这下子女士急眼了："是，我是品味低，所以才选你做男友；你品味高，所以你选中我。"这位女士的反驳非常巧妙，这句话由此就在生活中的年轻女性中流行起来，她们用来对付与自己意见不合的男友，如此一来，彼此之间既不会完全撕破脸，同时又能让对方受到小小的警告。

"高射炮打蚊子"：大词小用的幽默

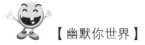
【幽默你世界】

在与人交谈时，适当使用大词小用幽默法，可以让笑料层出不穷，逗得大家捧腹不已。

当你和朋友在闲聊中调侃自己在家庭中地位"低下"的时候，你不妨这样来描述："唉，我在我们家，如果算上我家那只猫的话，我位居第四位。为什么这么说呢？因为我妻子是状元，小女是榜眼，小猫是探花。"

再比如，你和好友由于闹了点小矛盾而不再来往，你就可以说已经和他"断交"。而后来，你们又和好如初，你便可以说"我们又恢复了外交关系"。这样使用分量重、语义范围大的词语来描述小事情，可以使你的话听起来非常好笑，从而达到幽默的效果。

据观察，我们在生活中，常会听到夸张的说辞，比如某些小姑娘遇到一点小事总是故作惊慌状，一边拍着胸口一边喘着气说："好可怕哦！"用来显示娇弱。事实上，在与人交谈中，运用夸张的手法来展现幽默也是完全可行的。尤其是在一些语境当中，当我们故意大词小用时，很多时候也能产生出意想不到的幽默效果。

著名作家冯骥才是个很富有幽默感的人。一次，朋友带着妻子和儿子来他家拜访，彼此相谈甚欢。

正谈话间，冯骥才突然发现，朋友的孩子穿着鞋子跳到了他雪白的床单上，可朋友和妻子并没有看见。冯骥才不忍床单被踩踏，连忙微笑着对朋友说："请把孩子带到地球上来吧。"

经冯骥才提醒，朋友这才发现孩子闯了祸，连忙大笑着说："好，我和他商量商量。"

孩子穿鞋跳到床单上，这是很让人抓狂的行为，不过，冯骥才并没有使用不满的言辞表现出不满的情绪。因为这样可能会导致双方的尴尬，所以冯骥才玩了个大词小用的花招，把"地板"换成了"地球"，这样话语所表达的意味就大不相同，那淘气的孩子似乎成了一个宇宙战士一般，他的鞋子和床单之间的矛盾就被淡化了许多，孩子的"新身份"成功地掩盖了一切。这样双方会心一笑，问题迎刃而解，谁都不会觉得尴尬。

一次，作家郁达夫请朋友上饭馆吃饭。他害怕弄丢了钱，就把钱塞在鞋垫底下。

饭毕，郁达夫大大方方地脱下鞋子，从鞋垫底下抽出几张钞票，准备去结账。朋友见到这一幕十分不解，疑惑地问："你这是？"

"哎！"郁达夫风趣地说，"这个东西过去一直在压迫我，现在也该轮到我压迫它了！"*

把钱塞到鞋垫底下，这看起来多多少少有点"失身份"，可郁达夫并不感觉尴尬，反而来了个大词小用，幽默地调侃了自己一番。在郁达夫的话语中，"压迫"二字是政治术语，本来适于庄重而严肃的事情上，可郁达夫却拿来自嘲，用来解释自己把钞票藏在鞋垫底下这样的小事，让人在轻松一笑中感受到了他的率真和可爱之处。

生活中，我们也可以时不时地尝试一下大词小用幽默法，简单易创造，幽默效果却非同小可，常会逗得人捧腹大笑。

---

*摘编自张永生著《幽默力》，北京：北京理工大学出版社．2011年

朋友的母亲安排自己的儿子相亲，她觉得对方女孩子不仅学历高，而且家里条件也不错，所以就一直提醒儿子要好好抓紧，不能让这样的好对象跑掉。但是朋友本人呢，与那女孩见了面后觉得并不适合自己，因此当场就给媒人打电话婉言谢绝了。而朋友的母亲知道后很生气，责怪儿子"不识好歹"。面对母亲的责备，儿子只好无可奈何地说："妈，你知道吗，你见的照片和真人差太远了，那都是P过的，其实她长得实在是……"说到这，朋友故意卖了个关子，没有继续讲下去。可当妈的急了，追问儿子道："长得怎么样？"儿子一本正经地回答说："唉，别提了，我只能用一个成语来形容，那就是惨绝人寰。"

这句话马上就把母亲给逗乐了，同时也理解儿子可能实在觉得和那姑娘不投缘，于是就放弃了对儿子的继续责备。

你看，用"惨绝人寰"来形容人的长相，确实是很夸张，但是却让人不由自主地在脑海中描摹一副丑得不能见人的长相，如此幽默的效果也就达到了。

需要注意的是，大家在"大词小用"的问题上不能太拘泥，应根据自己的理解灵活运用。譬如一位平凡的美国妇人称赞自己的儿子比林肯总统还要聪明。她说，我的儿子6岁就会念葛底斯堡演说词了，可林肯到50岁时才会念。葛底斯堡演说词是林肯在南北战争期间所作的一篇著名演说，至今仍被广泛传颂。这位妇人当然清楚自己的儿子未必比总统更高明，但是她很为儿子开始学习总统的演说词而高兴，便故意采用这种夸张的方式赞赏儿子。这也是一种大词小用的幽默。

除了大词小用外，我们也可以适当尝试小词大用、贬词褒用和褒词贬用等等，使用得当也能产生同样的幽默效果。譬如有人形容自己爱看书，而且年龄越长越爱书，就说自己的"野心"随着年龄"膨胀"，开始了"殖民扩张"，各种图书都成了他的涉猎对象等等。"野心膨胀"、"殖民扩张"本属于政治术语，常用在权术、侵略、战争之中，带有一定的贬义色彩，但这里用它形容对书的喜爱程度，反而产生出诙谐幽默的效果。当然，用词的技巧不止这些，大家也可以举一反三，创造属于自己的独特幽默。

幽默的铺垫：铺平垫稳，以假乱真

【幽默你世界】

运用铺垫来制造幽默，我们还可以在与对方对话的同时学会提出问题，给对方回答问题的机会，然后借助问题形式将对方从前面的铺垫中引入"瓮中"，接下来一切自然水到渠成。

比如，某次儿子考试成绩不好，老婆很生气，于是忍不住责骂儿子说："唉，你太令我失望了，考这么低的分数，你真是个蠢猪！"对此，你不妨平静地对妻子说："亲爱的，我发现你近来好像有特异功能了。"妻子此时必然会不解地问你是怎么发现的。你可以这样回答她说："因为我看到，从你嘴里能吐出来那么一个庞然大物。"

看恐怖片的时候，什么情景最恐怖？莫过于一个人在幽暗的环境中前行，刚刚觉得安全了，却突然有个恐怖的东西一下子冒了出来。这是恐怖片里常用的手法。事实上，恐怖片的目的是刺激人的恐怖情绪，而幽默则是要逗人发笑，也属于一种情绪上的刺激，所以从这一点来讲，它们之间是有相似之处的。而最逗人的幽默就在于让人在毫无准备的情况下，突然抖出"包袱"，使其乐得前仰后合，所以，幽默也是需要铺垫的。

为了达到这种效果，我们就有必要事先给幽默作个最平淡的铺垫，然后让笑点一下子爆发出来。我们中国的国粹之一——相声艺术，在很多时候使用的就是这种形式的幽默。相声表演者在说这类可笑的段子时，通常会很严肃地先说着某事，然后突然说出一句很关键性的语句，这就是所谓的"抖包袱"，即前面所有的话都是为了最后一句作铺垫的。

相声名家马三立老先生的相声段子里，这种铺垫就表现得非常明显。他有个段子，讲的是一个皮肤容易发痒的人，每天都要靠泡很长时间的澡来止痒。有一天他看见街上有卖止痒秘方的，就狠狠心买了一丸药，可是拿回家要打开时，却发现药被包裹了很多层。等这个人费了很大工夫打开最后一层后，发现里边只有张纸条，上面写着：挠挠。

当然，这个相声这样讲起来可能让人觉得有点小幽默，并非那么可笑，可是经大师的嘴，听他非常详尽地讲述着这个人怎么因为皮肤瘙痒而难受，怎么治都不管用，又讲这个卖药的人号称卖的是祖传秘方，接下来讲这个人买药、拆开药包装的过程，这些当然都是为了最后一句作的铺垫。如此一番准备下来，大家才会对最后出乎意料的结局而感到好笑。

其实很多时候，当我们用一本正经的态度来给别人讲述一些事情时，往往就能把对方带到一种由你创造的氛围当中，如果接下来再不动声色地揭穿谜底，就必然会顺利达到幽默的目的。但是想要使幽默成功，作铺垫的时候也要遵循一定的规律，就像表演相声小品一样，想要骗过观众就要自己先不能笑场，否则就极有可能暴露你的目的，而一旦对方有了心理准备，幽默的效果就不会那么明显了。

除此之外，作铺垫的语言，要有一定的真实成分，最好是假话掺着真话说，这样才更能让人深信不疑，从而对接下来的幽默开怀大笑。

某夫妻有一对儿女，孩子都大了，各自在外工作，其中儿子在一家餐厅的后厨工作。有一天，女儿打来电话，焦急地说："妈，怎么办，怎么办？弟弟切菜的时候把脚给割了！"一听说儿子受伤了，做父母的肯定着急，于是就赶紧问伤势怎样。结果，女儿在电话那头笑个不停，此时父母才反应过来：谁切菜会割到脚趾？原来，是女儿听说弟弟切菜把自己的手指划了个小口子，于是就以假乱真，谎报病情，逗爸妈开心呢！

　　这个女孩之所以能够成功骗到自己的爸妈，主要原因还在于她的话里真假掺半：在饭店后厨工作不小心被菜刀割伤是非常有可能的，但是切菜切到脚上的概率就真的不大了。而父母由于关心儿子的心情迫切，只注意到"割伤"这个信息，忽略了其中的合理性，因此难免就相信了。由此可见，充分关注对方的心理，是作好幽默铺垫的一个必不可少的关键因素。而在这方面，阿凡提可以说是深谙其道。

　　一天，国王问阿凡提："阿凡提，要是你面前一边是金钱，一边是正义，你选择哪一样呢？""我愿选择金钱。"阿凡提认真地回答。国王说："要是我呀，一定要正义，绝不要金钱。""谁缺什么就想要什么，我的陛下。"阿凡提说，"你想要的东西正是你最缺少的呀！"

　　阿凡提不愧是一个超级语言幽默大师，他在说出最关键的那句话之前，就早已作好铺垫，并引导国王顺着自己设下的"圈套"往里钻，而当国王正在迷惑不解时，突然来个180度的大转弯，一语点破，从而使彼此的谈话很快发生戏剧性的变化，由此就产生了意想不到的幽默效果，也有力地讽刺了表面上不选择金钱而实际上满脑子金钱的国王。

　　还有一次，阿凡提到吝啬的巴依家里做客。巴依给自己盛了满满一碗酸奶子，给阿凡提盛了小半碗，还连声说："请呀，请呀！没有什么好吃的招待你，就喝了这一大碗酸奶子吧！""巴依，请你先给我找来一把锯子。"阿凡提说。"你要锯子干什么？"巴依莫名其妙。阿凡提指着那盛了小半碗酸奶子的碗说："这只碗的上半截不是没有用吗？咱们先把它锯下来，别让它空着呀！"

　　这句话让巴依无言可对，最后只好给阿凡提的碗里添满了酸奶子。

　　由此可见，当我们在现代人际交往中运用这种幽默铺垫的方法时，一定要在正确了解对方说话意图、把握主题的基础上，巧妙地利用对方的言语，精心设计铺垫，并顺着这一主题娓娓道来，有条不紊，有张有弛，顺理成章，使其恰到好处。否则，操之过急，露出"马脚"，不仅不会产生幽默，反而弄巧成拙，使对方产生反感，失去幽默力量。

好风借好力：因势利导秀幽默

【幽默你世界】

培根曾经说过："善谈者必善幽默。"在一些论争场合里，巧妙使出"因势利导，诱敌深入"的幽默招数，寻找出突破口，能收到"虽没千斤之鼎，却能给对手精神重压，使其毫无回击之力"的功效，最后让对方折服，甘拜下风。

你和妻子吵架了，妻子怀疑你做了什么坏事，但事实上你是冤枉的。这时，你不妨拿起桌上的一棵小白菜说："我比它还冤呢。"然后再顺便抄起旁边的一块豆腐说："让我撞死在上面得了。"这样的幽默往往能让你们之间的误会烟消云散。

如何才能使你的幽默让人听着有浑然天成、毫无突兀艰涩之感？很简单，学会因势利导，即借助已经存在的语言环境，将你的幽默自然地"放进去"。这个道理就像是开挖沟渠，根据已有的水路，利用已经存在的地貌特征，循着规律开挖，往往会更加省时省力。

英国大文豪萧伯纳的剧本《武器与人》首次公演即获得巨大成功。观众们要求萧伯纳上台接受群众的祝贺。当萧伯纳走上舞台，准备向观众致意时，突然有人对他大声喊叫："萧伯纳，你的剧本糟透了，谁要看？收回去，停演吧！"见此情形，观众们大都以为萧伯纳肯定会气得发抖。哪知道，萧伯纳非但不生气，还笑容满面地向那个人深深地鞠了一躬,很有礼貌地说:"我的朋友,你说得很好,我完全同意你的意见。"说着,他转向台下的观众说:"遗憾的是,你我两人反对这么多观众能起到什么作用呢?你我能禁止这个剧本演出吗?"萧伯纳话音刚落,全场就响起了一阵快乐的笑声,紧接着是观众对萧伯纳表达赞美的暴风骤雨般的掌声。那个挑衅者只好灰溜溜地逃出了剧场。*

面对挑衅者的污蔑,萧伯纳要是一味退让,未免有失面子,若与之争辩,非但无济于事,还会在观众心中留下孤芳自赏、自命不凡的坏印象。萧伯纳此时充分展示了其幽默才能,巧用因势利导的招数,凭借观众对他的信任与支持,给予他的掌声和喝彩,把挑衅者推向群众的对立面,使其孤立无援,狼狈而逃。

小刘一次去坐公交车,碰上个不稳重的司机,车开得忽快忽慢外加紧急刹车,恨不得把乘客从车后颠到车前。见此情形,小刘看了看四周,然后恭维似地对司机说:"师傅,您这车开得有年头了吧?这样的路况还能开出这样的速度,真是不简单。"乘客们看着这"马屁精"大皱眉头。而小刘呢,旁若无人,继续接着对司机说:"师傅,您肯定是开 F1 退役的吧,可是您看我们也没受过坐 F1 赛车的训练,您对我们的要求能低点儿吗?"听完这话,乘客们都会意地笑了,然后你一言我一语地劝司机开平稳点,以免出事。

在考虑到周围人的情况下的因势利导也分不同的情况,我们可以逆势而行,也就是在逆境中使用幽默。具体来说,是在一些严肃或者是气氛不是很好的时刻使用幽默,以打破不好的氛围,化解自己还有别人的尴尬。这种情况下使用幽默要求人必须具有很好的语言驾驭能力,因为在这种情况下使用幽默,如果方法不当,就会加剧现场的尴尬氛围。

古代有个官员叫彭玉泉,一天,经过一条偏僻的小巷,一个女子正用竹竿晒衣,不小心把竹竿碰掉了,正打在他的头上,他立时大怒。该

---

*摘编自史迪文著《世界上最会说话的人》,北京:北京邮电大学出版社.2005年

女子一看是官员彭玉泉，吓得魂不附体。不过，她很快镇定下来，半认真半幽默地说："你这副凶相，活像个行伍出身之人，蛮横无礼。你可知道官员彭玉泉？他清廉正直，要是我告诉他老人家，怕要砍了你的脑袋！"彭玉泉听到这位女子在夸奖自己，马上转怒为喜，心平气和地走了。①

这位女子不小心冒犯了官员彭玉泉，但却能用机智且不失幽默的话语轻易地给自己解了围，可见她在特殊情况下语言驾驭能力之高超。

有人请阿凡提去讲道。阿凡提走上讲坛，对大家说："我要跟你们讲什么，你们知道吗？"

"不，阿凡提，我们不知道。"大伙说。

"跟不知道的人我要说什么呢？还说什么呢？"

阿凡提说完，走下讲坛便离开了。

后来，阿凡提又被请来。他站到讲坛上问："喂，乡亲们！我要跟你们说什么，你们知道么？"学乖了的人们马上齐声回答："知道！"

"你们知道了，我还说什么呢？"阿凡提又走了。

当阿凡提第三次登上讲台，又把上两次的问题重复一遍后，那些自作聪明的人一半高喊："不知道！"另一半则喊："知道！"

他们满以为这下难住阿凡提了，哪知道，阿凡提笑了笑说："那么，让知道的那一半人讲给不知道的另一半人听好了！"说着扬长而去。②

阿凡提的过人之处就在于他以不变应万变，不管对方如何变幻情况，理由也跟着变幻，而行为却一点不变。这就是"因势利导"法在社交中使人能够潇洒自如的妙处。

某天，张强到一家饭店吃饭，点了一盘龙虾。当龙虾端上来之后，张强发现盘中的龙虾少了一只虾螯，就让饭店老板给个解释。

---

① 摘编自史迪文编著《世界上最会说话的人》，北京：北京邮电大学出版社．2005年
② 摘编自凡禹编著《成功人士99个说话细节》，武汉：华中科技大学出版社．2009年

老板先是道歉说:"真是对不起,先生,您知道,龙虾是一种残忍的动物,所以,您点的这只龙虾可能恰巧在与同伴打架时被咬掉了一只螯。"张强听了,不紧不慢地回答说:"既然是这样,那就请你给我调换一只打胜的龙虾吧!"老板自知理亏,只得吩咐伙计按照顾客的要求重新上菜。*

在这场对话中,老板与张强都没有口出恶语,而是巧妙地运用幽默,让一场可能引起纠纷的事件在轻松活泼的气氛当中平息了。假如张强暴跳如雷、大动肝火,恐怕会是另一个结果。言语幽默的魅力在于,话并不明白直说,却让人通过曲折含蓄的表达方式心领神会。"因势利导",用富有幽默性的方式往往比针锋相对更能有效地处理出现的问题。

"一句话说得人跳,一句话说得人笑",说的就是使用不同的话语就会产生不同的效果。所以,我们在与人交谈时,就应掌握幽默的艺术和技巧,这样才能在展示口才的过程中,化劣势为优势,变危机为转机,在谈笑间无往不利。

---

*摘编自水中鱼编著《幽默金口财》,武汉:华中科技大学出版社.2010年

当幽默遇上比喻

【幽默你世界】

用比喻制造幽默时说话要自然得体、不露痕迹,给人以天衣无缝的感觉才可以令人发笑,甚至从中受到莫大的启示。

当你的一个好友与女友吵架了,心里正郁闷万分时,你不妨这样劝慰他说:"兄弟,想开点,恋爱就像是做饭,先认识的时候是看着顺眼,没有熟到心里,两个人在盛着水的锅里分分离离,游离不定。但是你不用担心,慢慢地两个人在一起的时间长了,熬得透了,熟到家了,也就顺其自然,黏黏糊糊,再也分不开了。所以我劝你还是赶紧给你女朋友道歉,跟她和好吧!"

事实上,很多幽默力量的发挥,都少不了比喻的帮助。

妈妈问女儿:"今天早晨你自己坐公交车上学,感觉怎样?"女儿说:"嗨,别提了!就像是咱家包的饺子似的。"妈妈好奇地问:"怎么说?""馅儿满得都快要溢出来了。"听了女儿这句幽默的话,妈妈立刻就被逗笑了,同时意识到女儿坐公交上学的艰辛,于是决定今后尽量抽时间送女儿上学。

比喻不但是幽默的一种形式,而且还会给很多的幽默锦上添花,因为用上比喻之后,许多本来抽象或模糊的概念会变得具体、形象,不会让人感觉呆板。就像上面这个故事,如果女儿只说坐公交很挤,可能一点也不幽默，但是加上一个恰当的比喻后，不禁引人发笑，还给人留出想象的空间，让人在心里不断描摹那种拥挤不堪的情景。

那么我们究竟该怎样巧妙运用比喻来制造幽默呢？

一般情况下，运用比喻制造幽默需要把握好两件事物的相似点，使表达自然得体，不露痕迹，给人天衣无缝之感。只有这样，才能产生让人发笑的幽默效果。

有位领导很不喜欢女下属没事时在一起闲谈，就批评她们说："你们唧唧喳喳，一个人的音量相当于五百只鸭子的分贝，吵得我头疼。"

没过几天，一名女下属向他报告说："领导，门外有一千只鸭子找你。"领导一脸不解地走出办公室一看，才发现原来是自己的妻子和女儿来了。

女下属根据鸭子的嘎嘎叫与女职员聊天的唧唧喳喳的相似之处，照搬领导的说辞，自然天成，无疑增添了谈话的乐趣。

在谈话中，使用比喻，常常可以让话语变得妙趣横生，诙谐幽默，耐人寻味。它就像魔法棒，无论指到哪儿，都会产生神奇的魔力。

有位老师谈到自己之所以能桃李满天下时，讲述了自己的为师之道："我觉得，一群学生就像缤纷多彩的花园。花园里有各种各样的花，他们各有各的美丽，没有必要让所有的花都长成同一个模样。我要做的，只是悉心照顾，拔除杂草，让每朵花都能绽放美丽。"

这位老师没有侃侃而谈如何让学生成才，只用打比方的方式就让原本枯燥的道理讲述变得生动且充满深刻的意味，让听者很容易就能明白这位老师的意思，显然，其中借用比喻所产生的幽默功不可没。

当然，除了这种本体和喻体有相关性的幽默，刻意追求两者之间的差异性也可以促成幽默感的产生，并且差异越大、不协调感越强，幽默感也越强。

有一天，爱因斯坦给一个向他请教的年轻人解释什么叫相对论，他生动而幽默地打比方说："当你和一位美丽的姑娘坐上两个小时，你会觉得好像只坐了一分钟，但是要在邋遢的乞丐旁哪怕只坐上一分钟，你就会感觉好像坐了两个小时，这就叫相对论。"

人与人之间的相处与相对论原本是风马牛不相及的两件事，但是前者与人们的日常生活有很多交集，且善于理解，因而能产生幽默效果。爱因斯坦深谙事物的差异性能促成幽默感产生的道理，因而采用这种比喻的方式让原本复杂的理论变得简单易懂，也显示出一个严谨的科学家在生活中幽默的一面。

此外，要注重比喻语言的形象性。那些让人感到别致、出乎意料的比喻是导致幽默滑稽的最佳材料。

一县官跟上司谈完公事后，上司问他："听说贵县有猴子，不知道都有多大呢？"县官回答说："大的有大人那么大。"一说完，这个县官知道自己说错话了，赶紧补充说："小的有奴才这么小。"

县官在情急之中说话失礼之后赶紧比喻补救，贬低自己，以示道歉，更是拍马屁，令旁人都哑然失笑。

还有，想要妙用比喻来显示幽默，一定要有天马行空的思维，这样你的比喻才会显得更加新奇，更加使人印象深刻。比如外面下着大雨，你对别人说外面雨大得像瓢泼一样，大家一般不会发笑，因为我们早已熟知"瓢泼大雨"这样的词，所以不会感到新奇。但是如果你说外面雨大得像在下蛤蟆，这时候很可能就有人会笑了，因为很少有人会将下大雨和下蛤蟆联系在一起。

1945年，罗斯福第四次连任美国总统。美国一家著名报社的记者采访他，请他谈谈连任的感想。罗斯福没有正面回答，而是很客气地请这位记者吃一块三明治。记者觉得这是殊荣，便十分高兴地吃了下去。总统又微笑着请他吃第二块。记者觉得情不可却，又吃了下去。不料总统又请他吃第三块，他的肚子虽已不需要了，但出于礼貌，他还是勉强地吃了下去。

谁知总统在他吃完之后又说："请再吃一块吧！"

记者一听啼笑皆非,因为他实在吃不下去了。

罗斯福这才微笑着说:"现在你不需要问我对于第四次连任的感想了吧?因为你自己已经感觉到了!"*

罗斯福就是用请记者吃四块三明治的体会,来比喻四次连任美国总统的体会,真是妙不可言。

最后,用幽默来进行比喻还可以通过概念的混淆来完成,尤其是用高尚的喻体来形容低劣的本体,在这种心理落差之下,往往也会让人产生幽默感。比如有人描写流浪汉的生活,写他靠捡垃圾为生,因为时间长了竟也有了自己的"地盘",有几个固定的垃圾桶,由他每天过去捡垃圾。于是他每天都迈着老爷似的步子,去"巡视"自己的"领地"……你看,在这里,如果作者不运用比喻,而是直接写流浪汉每天固定去翻捡这几个垃圾桶的垃圾,必然会缺乏趣味性,但是把"巡视"、"领地"等这几个"高贵"的词语用在这个流浪汉身上,就让人产生了好笑的感觉。

总之,在平时的人际交往中,恰当地运用比喻来开玩笑,制造幽默,就会增加生活的乐趣,这也是练就好口才的一种技能。生活中没有幽默是乏味的,人们一般都不喜欢非常严肃的话题,所以适当地加一些幽默的内容,创造一种轻松的气氛,交往就会更顺利。

---

*摘编自憨氏编著《用幽默化解困境》,呼和浩特:内蒙古文化出版社.2005年

PART 7
日常交往的幽默式

让生活不再苦闷,让交际再无障碍,让职场愈发得意,让情场充满欢愉!

初次见面,用幽默来拉近彼此间的距离

【幽默你世界】

富有幽默感的人总是让人印象深刻并受到欢迎,尤其是在与陌生人第一次见面交流的时候,幽默的谈吐往往要比体面的外表更能吸引别人,让人感到轻松愉快。所以我们不妨在与别人初次见面时,在趣谈自己的名字上动动脑筋。

比如,你叫"李小华",在对别人作自我介绍时可以这样说:"你好,我叫李小华,木子李,大小的小,中华的华。都是几个没有任何偏旁的最简单的字,就像我本人,简简单单、快快乐乐。但简单并不等于没有追求,相反,我非常渴望能交到更多真心朋友……"如此幽默式的自夸必然在博得对方一笑的同时让对方对你有很深刻的印象。

众所周知,人与人之间的交往,第一印象很重要,无论你说了什么,还是做了什么,在别人的心目中都会留下烙印,而这个烙印好不好,往往直接关系到日后你与对方交往的走向。所以基于这一点,我们在与别人初次见面时,除了要注意衣着的干净、得体外,更要注重运用幽默的语言来点燃别人与你交往的热情,从而拉近彼此之间的距离。

一次,小张应邀去朋友王强家赴宴。由于是初次到王强家做客,所以一见面,王强的家人就都显得有些紧张和拘束。见此情形,小张笑着说道:"王强邀请我来的时候,告诉我说:'你到了我们家之后,只需用

手肘按门铃即可。'我问他为什么非得用手肘按,他说:'你总不至于空着手来吧?'"

听罢这句玩笑话,王强的家人顿时被逗得哈哈大笑,气氛很快就缓和了很多。*

一句看似简单的幽默,却很给力地为小张打开了初次见面与人沟通的大门,从而让对方对他心生好感,彼此间的陌生感也大大减少。其实,不论是在别人家做客,还是在自己家待客,充满轻松幽默的气氛都是我们每个人所渴求的。试想一下,假如你对着客人面带怒容或者神情抑郁,谁还会乐意日后继续与你交往?很多人之所以招人喜欢,拥有广泛的人脉,往往不仅仅是因为他是个很有才华的人,更主要的原因是由于他拥有能够活跃交往气氛的幽默感。

罗伯特是美国著名的演说家,他生平结交了很多朋友,其中有些是文字之交,且之前从未见过面。罗伯特六十岁生日的时候,这些朋友来看他,为他祝寿,言谈中总是显得很拘谨。席间,有个朋友看见罗伯特的头秃得厉害,就怀着好心劝他不妨戴顶帽子。罗伯特却幽默地回答道:"其实你们不知道光头的好处,因为光头,我是第一个知道下雨的人!"这句玩笑话一下子就使聚会的气氛变得轻松起来。

有位心理学家曾经这样说过:"初次与人交往,如果你能使一个人对你有好感,那也就可能使你周围的每一个人,甚至是全世界的人,都对你有好感。所以你不能只是同别人握手,而是要以你的友善、机智、风趣去传播你的信息,这样时空距离就会消失。"的确,初次见面对于一个人形象的树立以及日后的交往有着很重要的意义,所以很多人都会在初次见面时特别注意自己的行为举止,比如不要说错话、不迟到等,但是俗话说"天有不测风云",有时候我们难免会遇到某些特殊的情况,从而导致这种错误无法避免地发生。遇到这种糟糕的情况,你不妨运用

---

*摘编自张笑恒编著《会说话的女人最出色》,北京:朝华出版社.2008年

幽默来为自己救救场，这样往往不但能够很容易消除对方心中的不满，而且还能格外地为自己的第一印象加分。

有位教授第一次到某大学讲课，不巧途中遇到一场大雨，打的士也很难。无奈之下，教授只好徒步匆匆赶往学校。当他撑着雨伞从住处奔到授课地点时，已经晚了十来分钟，一推开教室的门，迎接他的是几十双清澈而明亮的眼睛，当然其中还有一些带着不满情绪的抱怨声。

见此情形，教授心中很内疚，为自己的迟到感到抱歉。他走上讲台，先是对着台下的同学们深深鞠了一躬，然后微笑着说："真是不好意思，让同学们久等了。你们看，我是讲《公共关系学》的，但和老天爷的关系没处理好。瞧，他的态度表明他一点也不欢迎我……"教授这几句包含幽默的道歉话顿时激起了同学们的欢笑声和阵阵掌声。就这样，教授初次上课便迟到的尴尬瞬间消失得无影无踪。

有一个姓赵的中学老师在接管了一个新班后，第一次面对讲台下几十张陌生的学生面孔，很幽默地作了如下开场白："大家好！我很荣幸成为你们的班主任。看到你们42张年轻的笑脸，我毫不怀疑我们将共同度过一段令人怀念的日子。我叫赵东海，'东'是'东海'的'东'，'海'是'东海'的'海'。这是我的手机号，13200132000，全天24小时开机，欢迎骚扰。还有我的QQ号，465*89*74，不要忘了加我为好友……最后是我的银行卡密码，123456，以后你们谁要是侥幸捡到了我的钱包，一定要记得取点零花钱……"

这番风趣的开场白马上就引起台下一片哄堂大笑，同学们一下子就喜欢上了这位年轻帅气的新老师。待班里安静下来后，这位赵老师又微笑着补充了一句："现在进入自由提问时间，你们若是还想了解我什么，尽管问。"有位调皮的男生嚷了一句："老师，你有女朋友吗？"赵老师摇了摇头。"那你喜欢什么样的女孩子呢？"这位男生不依不饶地追问道。

赵老师清了清嗓子，微笑着回答说："我喜欢的女生，想必大家都很熟悉，她有一头乌黑的头发，还有一个妹妹，带着嫁妆，赶着马车来投奔我……"

这几句话更让同学们乐不可支，大家都对这位新来的班主任产生了好感。

这位姓赵的老师采用幽默的语言，和学生们轻松地沟通，很快就消除了彼此之间的陌生感，从而让同学们很快就喜欢上了他。试想，如果他在这次与学生的初次见面交流中，总是摆出严肃认真的态度，一本正经地回答学生的提问，相信这次课堂见面就不会这样轻松愉悦了。

由此可见，幽默是缓和气氛的良剂，不论在什么时候，什么场合，它往往都能帮你打开与陌生人良好沟通的大门，从而给对方留下深刻而又美好的第一印象。

真诚的幽默可以加深朋友间的感情

【幽默你世界】

李白曾经这样说过:"人生贵相知,何用金与银。"的确,人与人之间的交往,不以贫富来论,而是贵在心灵上的沟通。所以,要想与你的朋友产生心灵上的共鸣,加深彼此之间的感情,你一定要学会运用真诚的幽默去感染对方。

比如,你和某个刚认识不久的朋友在一起谈论诸如天气、物价等这些无聊的问题,这个时候彼此都会有一种没话找话的局促感。要想打破这种尴尬,你不妨真诚地对对方说:"老实说,我实在不想中止这种无聊的话题,但我不敢,因为我怕因此而中止了我们刚建立的友谊。"这句话肯定会让对方深有同感,于是接下来你们俩的谈话内容也就会很自然地拓展到双方都感兴趣的事物上来,从而在谈话中加深友谊。

毋庸置疑,现代社会,人脉就是财富,拥有广泛的人际关系往往能够让我们更快地获得成功的青睐。而在与朋友相处时,学会巧妙运用富含真诚的幽默,不仅可以为朋友间的交往增添乐趣,而且还能让你在朋友中间更受欢迎,提高你的影响力。

北宋神宗年间,著名文学家苏东坡由于反对新法,被贬黄州,在那里一住就是数年。一天傍晚,苏东坡与好友佛印和尚泛舟长江。正在两人举杯畅饮,谈诗论道之际,苏东坡忽然用手一指江岸,对佛印笑而不语。见此情形，佛印心中很是纳闷，于是就顺着苏东坡的手势望去，只见一条黄狗正在津津有味地啃骨头。瞬间，心有灵犀的佛印马上就明白了好友东坡的暗示，随即起身将自己手中题有苏东坡诗句的扇子抛入水中。之后，两人面面相觑，不禁开怀大笑起来。

原来，苏东坡与好友佛印在对一副哑联。苏东坡的上联是：狗啃河上（和尚）骨，而佛印的下联则是：水流东坡尸（东坡诗）。

这副哑联对得可以说是天衣无缝，美妙绝伦，但是最令人称赞的不是对联本身的内容，而是苏东坡与好友佛印之间的默契。一个笑而不语手指江岸边正在啃骨头的黄狗，而另一个则是心领神会后马上起身把扇子扔进江水中。相信从这次的幽默沟通中，两人的友谊会更加牢固，彼此之间的感情也会大大加深。

还有一次，佛印听说东坡要到他的寺里来拜访，就赶紧叫人烧了一盘东坡最爱吃的红烧酥骨鱼。鱼刚做好，苏东坡也正好到了门外。听到东坡的脚步声，机智的佛印眼珠一转，准备跟好朋友开个玩笑，于是就顺手把做好的鱼藏到了旁边香案上的一只铜磬中。但是苏东坡鼻子很灵敏，在门外就闻到了鱼的香味，满以为又有鱼吃了，可进来一看，饭桌上没有鱼，而香案上的铜磬却倒扣着，于是他马上就明白是怎么回事了，但是表面上却佯装不知，一坐下来就开始唉声叹气。

看见好友如此闷闷不乐，佛印关心地问道："大诗人，你平时都是笑口常开，今天这是怎么回事？"

苏东坡长叹一声回答道："唉，你有所不知啊，今天早上我碰到一个高手，他出了个上联要我对下联，可是我想了整整一个早上，才对出四个字。"

佛印疑惑地问道："是吗？你东坡才华横溢，难不成还有被别人难倒的时候？说说看，他的上联是怎么写的？"

"向阳门第春常在。"苏东坡脱口而出。

一听此话，佛印觉得好笑：这副对联早已经老掉牙了，无人不知无人不晓，莫非东坡是想存心耍我？嗯，先别急，静观其变，先看看他葫芦里到底卖的什么药。于是佛印就装作若无其事的样子接着问东坡："那你对出的是哪四个字？"

"积——善——人——家。"苏东坡故意慢慢地一字一顿地念出来。

佛印不假思索地大声接着说："庆——有——余。"听到这里，苏东坡忍不住哈哈大笑起来，说："既然磬（庆）里有鱼（余），为什么不早拿出来品尝呢？"直到这时，佛印才恍然大悟，知道自己中计了，于是也哈哈大笑起来，马上取出那盘红烧酥骨鱼，和东坡开怀畅饮起来。

大家看，苏东坡巧妙运用谐音的方式，点出了佛印将鱼藏在磬里的小把戏，让气氛变得快乐、融洽的同时，也让佛印感受到了这位大文学家信手拈来的智慧和与自己的感情之深。由此可见，知己好友间包含真诚的玩笑、戏谑，不仅可以增添情趣，还能加深彼此间的默契，增加彼此的信任度，让友谊地久天长。

新东方学校的创始人俞敏洪，也是一个为人谦和、睿智而平易近人的人，尽管他其貌不扬，但是与人交流时却言语风趣幽默，让人备感亲切。新东方创立之初，为了"拉拢"北大的同窗好友王强"入伙"，俞敏洪专程跑到美国，在冰天雪地里驾着辆租来的车，带着一大摞地图来到王强家，希望他到新东方任教。但是已经在美国开创出一片天地的王强起初并不为所动，随口问道："新东方是什么东西？"俞敏洪一听，急了，说："新东方不是东西，它是我办的一所学校。"王强又笑着问："那新东方有多大？"俞敏洪正色道："我知道你在美国年薪有七万美元，我付不起你的工资。"顿了一下后，俞敏洪又假装做出义愤填膺的样子，大声对王强说："但是我希望你不要忘记我们是很好的朋友，是一起生活过的哥们儿，并且，我们还都是知识分子，中国的知识分子历来都是视金钱如粪土的，你说，我要是给你发了薪水，是不是就侮辱了你的人格？"

俞敏洪的话音一落，王强随即就被逗得哈哈大笑，他马上站起身走到俞敏洪面前,和他"击掌盟誓",以后两人同甘苦共患难,无论如何也要把新东方给办好。就这样,俞敏洪成功地运用真诚的幽默说服了好友王强回国,开始了新东方的创业征程。[*]

你看,假如俞敏洪当时只是一本正经地与好友王强谈入伙,谈工资,谈待遇,甚至是谈友情,那么最后极有可能就会让本来已经在美国事业有成的王强给委婉拒绝,甚至弄不好两人的关系从此变得很紧张。但是幽默机智的俞敏洪并没有这么做,而是以友情为出发点,用一条看似"歪理"的小幽默,很轻松地就达到了邀请对方的目的。这样的劝说之辞,不能不说是高明。

总之,朋友之间恰当地运用一些包含真诚的幽默,不仅可以增强彼此之间的默契和信任度,而且还能让友谊更加长久,从而为团结合作打下良好的感情基础。

---

[*]摘编自丁斯主编《2008年中国年度幽默作品》,桂林:漓江出版社.2009年

幽默让人更容易接受赞美和拒绝

【幽默你世界】

运用幽默来赞美别人往往要比那种直白的恭维效果更好,比如你遇见个子高的朋友,不一定非要说:"哎呀,你看起来真是玉树临风,风流倜傥,年轻的时候也是个篮球健将吧!"这样让人听起来有刻意逢迎之嫌。你不妨换个说法:"个子高真好啊,呼吸的都是新鲜空气!"这样的话常会让人听着感觉更自然、舒心。

同样的道理,以幽默来拒绝别人,也要讲究技巧。假如有朋友向你借钱,你若是不肯,不妨对他调侃道:"钱不是问题,问题是没钱啊,我也想借给你钱,可是现在……"这样肯定要比直截了当地说"不借"更能让对方理解和接受。

现实生活中,谁不喜欢被别人赞美?有古语讲得好:"良言一句三冬暖,恶语伤人六月寒。"在日常交往中,如果你能够懂得适时地赞美别人,肯定会大大融洽双方关系,让对方对你心生好感。但是如何赞美才能恰到好处?这里面同样有大学问。如果你只是赤裸裸地对别人说出恭维之辞,直白平淡,势必会被对方认为是"拍马屁",弄不好还会让对方觉得很尴尬。但是运用幽默来表达赞美,效果就不一样了,不仅能够有效维护对方的自尊心,让他觉得满足和开心,而且还能使彼此的关系迅速升温,让你成为人脉大赢家。

威尔逊是美国当代的大艺术家，他家的男佣人也是一个雕塑迷。有一次，威尔逊的好友，著名的大雕塑家鲍克里应邀到他家做客。而那位男佣呢，看到自己久仰的名家后，心情很是激动，因此在倒茶时不小心打翻了杯子，泼了鲍克里一身。见此情形，威尔逊心里很恼火，连忙一边责怪男佣一边向鲍克里道歉。但是男佣头脑也很机智灵活，他连忙很恭敬地对自己崇拜的偶像鲍克里说道："真是对不起，尊敬的鲍克里先生，平时我给普通人倒茶是绝对不会泼洒的。"这句话说得很妙，言外之意是鲍克里先生您不是一个普通人，见到您这样的人，我的心情太激动了，所以才手忙脚乱。因此鲍克里听了这句包含幽默的赞美之辞后，心中大为感动，不仅原谅了男佣的过失，还诚恳地对他说："这是我一生中听到的最美的话。"

男佣一句简单的话语，不仅迅速化解了尴尬的场面，而且还巧妙地表达了对鲍克里的夸赞，真可以说是"一箭双雕"。所以说，运用幽默去赞美别人，往往具有不可思议的魔力，让谁都喜欢听，并且听着心里无比舒服。

王倩的身材很不错，有一次，她新买了一件掐腰的短上衣，兴冲冲地邀请女友品评。女友看见王倩穿上这件短上衣后，身材看似搓衣板，很别扭，于是就不假思索地说："这件衣服不适合你。"一听此话，刚才还一脸兴奋的王倩情绪顿时低落下来，一脸的不高兴。看到这种情形，女友急中生智，马上笑呵呵地又对王倩说："你看你的身材多好啊，苗条、修长，如果穿上那种宽松肥大长至膝下的衣服，肯定会更加显得神采飘逸、潇洒大方。但是那些又矮又胖的人就穿不出这种气质来。"听罢这句话，王倩顿时转怒为喜，愉悦地接受了好友的建议。

这位女友对王倩所说的话很巧妙，看似恭维，其实里面包含了无限的玄机：不仅委婉地暗示出了这件掐腰的短上衣不适合王倩的身材，而且还诚恳地指出了其择衣适合的标准，同时又用"苗条"、"修长"这样美好的词语夸赞了对方的身材优点，又用矮胖之人作比较，在顾及对方自尊心的情况下，也让她听着心里高兴，从而乐意接受建议，可谓是高明之极。

不仅是赞美别人巧妙运用幽默可以达到出乎意料的好效果，就是在拒绝别人的时候，如果我们能在其中加入一些幽默的佐料，往往也可以让更多人接受。

启功先生是我国著名的书画家，由于名声远扬，20世纪70年代，向他求学、求教的人就已经很多了，所以那个时候启功先生所住的小巷里整天不断响起拜访者的脚步声和敲门声。对此，启功先生很是无奈，经常对别人自嘲道："唉，看来我真成了动物园里供人参观的大熊猫了。"

有一次，启功先生得了重感冒，起不了床，他害怕有人再来敲门拜访自己，于是就灵机一动，在一张白纸上写了这么四句话贴在大门上："熊猫病了，谢绝参观；如敲门窗，罚款一元。"看到这张纸条，拜访者很知趣地走掉了。不久后，这件事被著名漫画家华君武先生知道了，他信手拈来，画了一幅画，并调侃地注释："启功先生，书法大家。人称国宝，都来找他。请出索画，累得躺下。大门外面，免战高挂。上写四字，熊猫病啦。"后来，启功先生的好友黄苗子得知启功一直被求教者困扰的烦恼后，为了替老友排忧解难，他马上在《人民日报》上发表了一首名为《保护稀有活人歌》的诗歌，这首诗歌写得也相当风趣，末段写道："大熊猫，白鳍豚，稀有动物严护珍。但愿稀有活人亦如此，不动之物不活之人从何保护起，作此长歌献君子。"旨在呼吁人们应该真正关爱老年知识分子的健康。[*]

这几则围绕启功先生拒绝拜访者的说辞很是幽默、委婉。作为一代书画大师，直截了当地拒绝人们的所求，并不符合启功老先生做人处事的原则，他之所以采用如此幽默的拒绝方法，其实是不得已而为之，毕竟他自己的身体支撑不起。然而就是如此包含风趣的拒绝，更容易让人

---

[*]摘编自张超编著《攻心话术》，长春：北方妇女儿童出版社，2011年

们接受和理解。试想，假如启功先生当初不费尽心思运用此法来表白拒绝之意，而是直截了当地说"NO"，那么相信不少人都会对他心生非议，误以为他是自恃有才，清高孤傲，这样一来，以后肯定会多多少少给启功先生的名誉带来损害。

由此可见，不管是赞美还是拒绝别人，采用幽默式的说辞所带来的效果往往大不相同。所以在日常生活中，面对赞美和拒绝，我们一定要充分运用幽默，舌绽莲花，多注意方式，多讲究艺术，这样才能让对方更容易接受，并且不至于引起他人的反感和误会。

用幽默突破"困境"

【幽默你世界】

当我们遭遇窘境时,该如何利用幽默为自己解围呢?不妨从以下两点入手:

1. 采用"趣味思维"的方式。这是一种反常的"错位思维",即不按照常规的思路走,而是"岔"到有趣的方面去,进而捕捉到生活中的喜剧因素。比如有人嘲笑你是光头,你不妨说:"光头有什么不好,我是第一个知道下雨的人。"

2. 在瞬息构思上下工夫。这是一种"快语艺术",需要的是灵机一动的智慧,所以你必须想得快,说得快,触境即发,既出人意料,又在情理之中。比如你和同事发生了矛盾,对方要与你决斗,你可以故作严肃状说:"单挑我不怕你,不过时间、地点和武器由我来决定!"待对方同意后,你接着说:"时间就是现在,地点就在这间办公室,武器就是空气。"这样一来,肯定会逗引对方一笑,从而顺利化解矛盾。

在日常交往中,人与人之间难免会发生一些小摩擦。当矛盾发生时,只有那些缺乏幽默的人,才会把事情弄到不可收拾的地步;而富有幽默感的人却不是这样,他们总是能在不利的情况下,用幽默的嘴巴来突破困境,为自己解围。

有位从台湾来的大客商,在北京某家大饭店宴请客人。席间,正当大家谈笑风生，吃得很高兴的时候，一位服务员小姐在斟酒时不小心碰掉了这位台商的筷子。见此情形，台商心中非常不高兴，认为吃饭的时候掉了筷子，是不吉利的征兆。而就在这尴尬的关头，一旁的领班小姐看到后急忙走上前一边弯腰拾起地上的筷子，一边笑着对台商说："这位先生，恭喜您啊，看来您的运气来了，筷落，当然就是快乐，这预示着您在北京的业务肯定会一帆风顺，过得快快乐乐。"

领班小姐的这几句话效果果然非同凡响，马上就让刚才还恼怒的台商转怒为喜，饭桌上的气氛重新又活跃起来。

这位领班小姐可谓是聪明至极，她巧妙运用谐音的方式，把"筷落"说成"快乐"，很轻松地消除了台商心中的怒火，让尴尬的气氛恢复融洽。

当然，在现实生活中，并非所有饭店的服务员都能像上面这位领班小姐一样善用幽默来解围，比如下面这位，但侥幸的是她虽然不懂得用幽默来化解困境，却有幸遇上了一位幽默的客人。

一位老板在饭店宴请客户，可是新来不久的服务员小姑娘在端酒时不慎把酒洒了一滴到他秃顶上，这位老板马上用手摸了一下光头，生气地看了看服务员。见此情形，服务员吓得手足无措，几乎要掉泪了。看到对方这个样子，大度的老板马上笑着对她说："你以为这是'101'生发剂啊，我都用了快一箱了，没用！"一听此话，服务员破涕为笑，而在场的嘉宾也都纷纷鼓起掌来，夸赞老板化解危机的能力。

从这两个事例中我们不难看出，幽默风趣其实也是一种应变技巧，它常常能帮助我们在瞬息之间摆脱窘境。

有一次，有位诗人应邀到北京某大学中文系作家班举办学术讲座。在谈到自己的诗作时，这位大诗人一时兴起，准备朗诵一段前不久自己刚写的新诗。因为诗稿事先放在台下一个学员的课桌上了，于是诗人就走下讲台去拿。教室是阶梯式的，诗人上台阶时，一不留神一个趔趄倒在第二级台阶上，引得学生们哄堂大笑。

碰到这种尴尬的场面，诗人心里很窝火，但是他还是很从容地站起身，转向学员，指着台阶说："你们看，上一个台阶多么不易，生活何尝不是如此？作诗也是这样。"这句话马上博得了满堂的掌声。待掌声停歇，诗人又笑了笑，接着说道："一次不成功不要紧，再努力！"说罢，他佯装很用力的样子，继续走上台阶，开始他的讲座。

试想一下，如果这位诗人当时不懂得运用幽默来为自己解围，只是心怀怒气地对着学生们大喝一声"笑什么笑！"，就势必会让当时的气氛更加难堪，增加与学生们之间的敌对情绪，从而让这次的讲座搞得不欢而散。

所以说，对于生活中那些意外出现的尴尬困境，如果我们能够适当地幽默一把，免予难堪的效果可能就会更好。

20世纪60年代，有位导演去四川山区体验生活。一天，导演正在山里行走，忽然遇到暴雨，他左顾右看，见不远处有所茅屋，于是来不及敲门就直闯而入，但是不巧正碰见屋里有对老夫妇在床上亲热。这下子顿时弄得那位导演进退不是，非常尴尬。岂料，那位老翁并不在意，而是笑着操着浓重的四川口音调侃道："下雨天没得啥子事做呦。"老妇也赶紧插言道："是啊，闲着也是闲着，也省得饿肚皮呦。"

听着老夫妇俩的一唱一和，这位导演顿时被逗乐了。

就这样，一场突如其来的尴尬被这对老夫妻的幽默给轻松地化解了。

举世闻名的大发明家爱迪生在致力于发明白炽灯泡时，有位缺乏想象而又毫无幽默感的人取笑他说："爱迪生先生，你整天研究灯泡，已经失败了1200次啦！"但是爱迪生却并不生气，反而笑呵呵地回答说："我的成功之处就在于发现了1200种材料不适合做灯丝！"说罢，他自己放声大笑起来。而那位取笑者听了爱迪生的这句幽默之辞后，一句话也说不上来了。

后来，爱迪生的这句调侃之语举世皆知，成了很经典的激励名言。

从这些事例中我们不难悟出，幽默的力量在于能改善人与人之间的关系，驱除人际间的不和谐之音。而一个具有幽默感的人，他最大的魅力不只是谈吐风趣，他还能在紧急关头发挥机智，使烦恼变为欢畅，使痛苦变成愉快，将尴尬转为融洽。所以在日常交往中，我们一定要巧妙运用幽默，以此有效缓解矛盾冲突，轻松地用舌头，而不是用拳头，把自己从困境中解救出来。

用幽默拿别人"开涮"要以尊重为前提

【幽默你世界】

开玩笑的过程是一个感情互相交流传递的过程,如果借着开玩笑对别人冷嘲热讽,发泄内心厌恶、不满的感情,那么除非是傻瓜才识不破,尤其是在涉及对方的外貌缺陷上,更不能用玩笑话来"开涮"。

有个朋友向你诉苦,说有人嘲笑他胖得像猪,这个时候你千万不要说:"他们怎么能管你叫猪呢?这太不像话了!总不能人家长得像什么就叫人家什么吧!怎么能说你长得像猪呢?这简直是侮辱了猪!"如此言辞,看似幽默,其实包含恶意,不仅达不到安慰别人的目的,反而会让对方十分反感。

众所周知,没有笑声的生活和没有幽默感的人都是索然无味的,所以在日常人际交往中,与朋友开个得体的玩笑,可以放松神经,活跃气氛,创造出一个适于交流的轻松愉快的氛围,因为诙谐的人常能受到人们的欢迎与喜爱。但是,开玩笑要掌握好分寸,尤其是要在尊重对方的前提下去幽默,否则就很有可能适得其反,引起别人的反感和误会。

有个公司老总年过五十,却娶了个二十出头的年轻妻子,并且结婚才两个月,就生了一个小孩。孩子满月这天,这位老总摆满月酒,亲戚朋友都赶来祝贺,其中有位叫小张的好友也来了。小张为人心直口快,总爱跟人开玩笑,所以今天这种场合也没有例外,但是他为孩子准备的礼物显得很特殊，既不是钱也不是生活用品，而是纸和笔。当小张把这份贺礼送到老总手中的时候，老总一脸的惊讶，问他："我孩子今天才满月，你给这么小的孩子赠送纸和笔，不是太早了吗？"

看到老总脸上的意外神情，小张心里觉得很得意，认为自己的这份礼物送得很有"悬念"，因此就笑着调侃道："一点都不早。您的小孩儿太性急，本该九个月后才出生，可他偏偏两个月就出世了，照这个速度，再过五个月他肯定就能去上学了，所以我才给他准备了纸和笔。"此话一出，宾客们全都哄堂大笑，而老总夫妇也羞愧得无地自容，因为小张的这番话，很明显地道出了他们俩未婚先孕的隐私。就这样，本来关系还不错的朋友，从此就断绝了来往。*

一向喜欢与人开玩笑的小张，本来想趁着这次好友孩子满月的机会，送份特殊的礼物表示情谊，可就是因为一不留神，忽略了尊重对方的隐私，导致最后的送礼之举招来嫌恶，使友谊破裂。由此可见，祸从口出，幽默不能随随便便地去耍，不尊重对方乱开玩笑，不但不能锦上添花，反而会画蛇添足，过犹不及。

董亮平时爱说爱笑，性格开朗活泼，有一次，朋友聚会，他遇到了朋友小马。小马是个秃头，当得知小马最近高升后，董亮快言快语地说道："小马，你小子可真行啊！年纪轻轻就升得这么快！真是热闹的马路不长草，聪明的脑袋不长毛。"这句话逗得大家哄堂大笑。可是小马脸上却晴转多云，他有些生气地反驳董亮道："你的脑袋才不长毛呢！"结果，原本高兴的同学聚会，闹了个不欢而散。

事实上，像董亮这样的人在与朋友聊天时开玩笑的动机大多是友好的，但是他们往往没有把握好分寸和尺度，结果产生了不良后果。正所谓"说者无心，听者有意"，因此，聊天想幽默的时候千万要注意不要过了头。

---

*摘编自张笑恒编著《话要这样说》，北京：北京工业大学出版社，2010年

新学期伊始，某大一寝室，八个男生初到，争排座次。小李心直口快，与小王争执了半天，见比自己稍小几日的小王最终有些不情愿地排到末座，便好心劝道："好啦，小王，你排在最末，是咱们寝室的宝贝疙瘩，你又姓王，以后我们七个就叫你'疙瘩王'好啦！"一听这话，小王脸上很是不悦，原来他长了满脸的疙瘩，俗称"青春美丽痘"，所以平日里最恨别人拿他脸上的疙瘩说事儿，而这个时候小李这样开玩笑，他心里自然很不舒服。

见此情形，聪明的小李知道自己的玩笑惹来了风波，心中懊悔不已，不过表面上却不急不恼，而是拿过镜子自言自语道："'蜷在两腮分，依在耳翼间，迷人全在一点点'。唉，小王，你看，我这脸上真是'一波未平，一波又起'啊！"小王听后，不禁哑然失笑，瞬间心里觉得轻松很多。原来，小李长了一脸的雀斑。*

小李由于一时疏忽，无意中以玩笑冒犯了同寝室的兄弟，尴尬之际，他巧妙运用自我纠错之术，含蓄地进行一番自我调侃，并巧借余光中的诗句点明了自己也是面生雀斑。而"一波未平，一波又起"这句话，既是对自己的雀斑之多的自嘲，同时又恰到好处地为自己刚才口没遮拦的玩笑进行含蓄的自责，最终博得了小王谅解的一笑。

当然，很多人在无意中以玩笑冒犯他人的时候，并不懂得及时用得体的方式来"挽救"，或者说根本就不具备"救场"的说话能力。这个时候后果就很糟糕，轻者出口伤人，重者导致双方感情破裂，甚至大动干戈。

所以当你在与朋友开玩笑之前，如果难以断定自己到底能否说出大家都喜欢听的话时，最好的方法莫过于沉默；否则，口无遮拦地夸夸其谈，最容易触犯别人的尊严，招致对方的厌恶。

总之，在人际交往中，尊重是友好相处的前提，如果你不懂得这一

---

*摘编自郭鹏编著《史上最强的沟通术》，北京：机械工业出版社，2009年

点，胡乱运用幽默来讨取人缘，往往会适得其反，而且别人也不会尊重你，甚至不愿意与你继续相处，日子长了，你自己就会因此变得孤立而不开心。

批评、劝导别人时，可偶尔耍耍幽默

【幽默你世界】

批评和劝导在我们的工作和生活中随处可见，然而，成功的批评和劝导却是一件需要高超技巧和智慧的事。因为当你在劝导别人时，可能会在不经意间触动了对方的自尊，从而火上浇油弄巧成拙。所以，要想使批评和劝导更加成功，我们除了手中有理外，还要求方法正确、巧妙，运用幽默让原本硬邦邦的直接劝说变得温和一些，这样的做法就会更容易让"忠言"顺耳。

你看到一对恋人在街头吵架，不妨撑起一把雨伞，从他们面前走过，并笑着对他们说："唉，待会儿肯定要下大雨，你看之间乌云密布，雷声隆隆，接下来，我看，是不是要下大雨了？"如此一来，对方肯定会莞尔一笑，消了不少气。

俗话说得好："忠言逆耳利于行。"但是在现实生活中，如果你针对某人的错误直截了当地大加指责或劝导，效果往往不会太好，因为每个人都有自尊，对方可能明白你批评他的好意，但是又因为拉不下面子而心生反感。所以与其急赤白脸地直接批评他人，不如旁敲侧击地运用幽默来说服他人，这样既能保全对方的面子，同时又能让其心悦诚服地接受。

有位老婆婆坐车去乡下走亲戚，途中，她看见年轻的司机并没有全心全意地开车，而是只用一只手握着方向盘，却把另一只手伸出车窗外，还把车子开得飞一般地快。看到这种危险的情形，这位老婆婆胆战心惊，但是她并没有直接批评司机开车太不谨慎，而是笑着问他："年轻人，这个地方下雨挺频繁的吧？"

一听此话，司机不假思索地回答："那是当然，这里的天就像孩子的脸，说变就变。"

"哎呀，我说你怎么喜欢把手放在窗外呢，敢情是帮我们打探天气呢，放心吧小伙子，你专心开车，我帮你盯着天呢，哈哈。"老婆婆笑着调侃道。

听了这几句话，这位年轻的司机笑了起来，赶紧知趣地把手从车窗外抽了回来，专心致志地开车。

这位老婆婆明知道司机只用一只手来开车非常危险，但是她并没有直截了当地去批评对方，而是运用幽默，指出司机的这种不当行为，表达了自己的意见。如此一来，不仅给司机留全了面子，消除了情绪上的对立，还通过误会将笑料制造了出来，用幽默给他人和自己带来了心情的愉悦。

有人曾经这样比喻说，批评就像是一杯苦咖啡，喝着会觉得苦，而幽默就像是白糖，把它加到苦咖啡里面，喝起来效果往往会很不错。这话说得一点不假，为人处世，当你批评别人的时候，最好不要生硬地将自己的不满直接表达出来，毕竟多数人不会心甘情愿地接受他人的批评，尤其是那些高高在上的领导。

春秋后期的齐国国主齐景公喜欢打猎，尤其热衷养老鹰来捉兔子。有一次，为齐景公养鸟的烛邹不慎让一只老鹰飞走了。齐景公听了这个消息后非常恼火，下令把烛邹推出去斩首。上大夫晏子得知此事后，连忙去拜见齐景公，并故作严肃地说："这个烛邹真是可恨！怎么能这么轻易地把他给杀了？臣觉得他有三大罪状，您不妨先让我一条一条列出来，然后您再杀他也不迟。"齐景公欣然应允。

晏子马上装作怒气冲冲的样子，走到烛邹面前，指着他的鼻子说："大胆烛邹！你为大王养鸟，却让鸟逃走了，这是第一条罪状；使得大王为了鸟的缘故又要杀人，这是第二条罪状；而把你杀了，天下诸侯都会怪大王重鸟轻士，这是第三条罪状。"

听完晏子的这番话后，齐景公心有所悟，马上笑着对晏子说："你别说了，我知道你的意思，不杀烛邹了。"①

你看，晏子不愧是一个有口才、有心计、有幽默感的人。从表面上看，他是在批评烛邹的失职，而实际上，他是在旁敲侧击批评齐景公重小鸟而轻士人的错误。这样既避免了为烛邹说情的嫌疑，又救了烛邹；既指出了齐景公的错误，又不使齐景公丢面子，可谓是"一箭双雕"。

李明是某家大合资企业的员工，他经常在上班时间去附近的理发店理发。这明显是违反公司规定的，因此公司经理知道此事后，决定亲自抓他一次，狠狠地批评。

这天，李明又趁着上班时间去理发店理发。就在这时，经理悄然来到店里。一看见经理，李明就急忙低下头，别过脸，想躲过经理，可是经理就站在他旁边的位置上，把他叫了出来，严肃地问他："小李，你是怎么搞的！现在是上班时间，你跑到理发店干什么？"

李明眼珠一转，笑着回答道："是，经理，我的确是在理发，可是您看，我的头发是在上班时间长的啊。"

一听此话，经理被逗乐了，他机智地回敬李明道："胡说！你的头发都是在上班时间长的吗？有些是在你下班时间长的。"李明笑呵呵地说："对，经理您说得对，所以现在我只剪掉了上班时间长出的那部分。"

经理不禁哈哈大笑起来，也忘了指责李明了。②

这位经理对李明在上班时间理发并没有采取直接的批评方式，而是

---

① 摘编自史迪文编著《世界上最会说话的人》，北京：北京邮电大学出版社，2005年。
② 摘编自田伟编著《幽默改变人生全集》，哈尔滨：北方文艺出版社，2006年。

巧借"有些是在你下班时间长的"的幽默来婉言批评李明，但是李明呢，他借助经理的幽默顺势说下去，带给经理"笑"点，让经理的不满自动消失。这样一来，两人之间的不满情绪顿时化解，彼此之间的关系也融洽起来。如果当时经理不问青红皂白就在众目睽睽之下劈头盖脸斥责李明一顿，那么肯定会导致李明心怀怨恨，以后他们俩在公司里相处就会剑拔弩张，搞得双方心里都不痛快。

所以说，很多人在面对他人批评的时候，心里总是或多或少地抱有焦急、担心、恐惧甚至敌视的态度，这个时候，你若是能够转变一下批评的方式，借助幽默语言来委婉地劝说，往往就可以赢得他人的感激，激发对方改正错误和奋进的力量。

激励中加点幽默更能深入人心

【幽默你世界】

面对一蹶不振的朋友，与其长篇大论地跟他讲奋斗的大道理，不如巧妙运用幽默来帮其卸下思想上的包袱。

一个朋友因为最近诸事不利，总是遭遇打击，如果他对你抱怨说："唉！活着真没劲，我的字典里似乎从来就没有成功这两个字！"这时，你不妨对他说："那我把我的字典借给你吧！"这样一来，必然会让对方在哈哈大笑之余，心情也轻松了很多，从而很容易地改变消极心态，积极乐观地去面对生活中的不顺心之事。

在日常交往中，激励他人是我们经常遇到的情形，尤其是当你的朋友不幸遭遇困难挫折需要帮助的时候，你的一番激励之辞往往犹如雪中送炭，不仅让对方感受到被关心的温暖，还能激起他在逆境中的斗志，使其更加奋发图强。因此从本质上说，激励是一种与人为善的美好的心理状态，是人们在日常交往中相互帮助的一种体现。可是在现实生活中，有些朋友却往往在这一点上吃力不讨好，不仅达不到激励他人的目的，反而招来一片怨责。究其原因，关键在于其没有把握好激励的技巧和分寸，尤其是没有在语言的幽默上下足工夫。

巴尔克博士是美国著名的社会心理学家，有一次，他在宴会上提出这样一个建议：每人以最简短的话语来写一篇自传，甚至可以简短到作为死后刻在墓碑上的墓志铭。有位颓废派青年思索了几分钟后提笔写了一个只有三个标点的自传："——""！""。"巴尔克问他这有何寓意，这位颓废青年很沮丧地回答说："一生横冲直撞——只落得伤心感叹！最后只好完蛋。"

听了青年的解释后，巴尔克并没有说什么，而是提笔在他的这篇自传上重新增加了三个标点符号："，""……""？"然后回过头来语重心长地鼓励那位青年道："青年来日方长，希望无限……岂不闻浪子回头金不换？"

简短的激励之辞让那位颓废的青年顿时若有所悟，内心马上充满了愧疚感。

面对丧失生活进取心的青年，巴尔克并没有采用语重心长的长篇大论去激励对方，而是巧妙运用幽默，在轻松的交谈中很容易就激发起了对方对生活的斗志，达到了成功激励的目的。由此可见，当我们去鼓励和安慰他人时，一句恰到好处的幽默激励往往要比一百句严肃古板的说教更能深入其心。

有个热衷文学的年轻人向著名作家海明威求教："请问，您作品中的语言写得如此简洁，到底有何秘诀？"看着青年一脸真诚的样子，海明威微笑着回答说："其实想要达到语言简洁很容易，有时候我不吃饭就开始写东西，肚子饿得咕咕叫；有时候我只用一只脚站着写，累得腰酸背痛；有时候我还故意在寒冬只穿一件单衣服，边写边被冻得瑟瑟发抖……这些非常不舒服的感觉使我不得不尽量少写些多余的废话。"

听罢海明威的这番话，那位文学青年会心地笑了，他领会到了海明威先生对自己的一片激励之情。

海明威先生在面对这个严肃的写作话题时，并没有引用专业的知识来向青年阐述，而是巧妙地运用滑稽、诙谐、逗笑的语言形式，把情趣与哲理有机统一起来，既表达了严肃的思想内涵，同时又鼓励青年在写作的道路上要不畏艰险，以吃苦精神来获得成功。如此激励形式，可谓通俗、幽默，也更容易让人接受。

大师们面对初出茅庐的年轻人使用如此幽默的做法产生了良好的效果，而我们在日常生活中的社交场合，运用一句幽默的话语往往也能够让本不善于言辞的人从紧张情绪中解脱出来，更加融入现场气氛，从而享受到社交带来的快乐。

在一次宴会上，有位女士一直沉默不语。旁边一位先生看出了她的惴惴不安，于是就风趣地说："小姐，我觉得你肯定很富有。"

女士不解其意，便回问道："为什么这么说？"男士笑道："你看你，从进门到现在，一直坐在这里沉默，所谓沉默是金嘛！"女士听罢，忍不住开口笑了。接下来的时间里，两人侃侃而谈，成为了很好的朋友。

这位先生很是风趣，他巧妙地借用"沉默是金"这一熟语，故意曲解意思，让女士的紧张情绪稍稍缓解，使得她能在聚会中更加自然地绽放自己的魅力，更加轻松地享受到现场的快乐。这种方式在与人交往中的确不失为一个很好的开启对方心门的妙招。

巴顿是二战时期美国的名将，他勇猛凶悍，被人称为"血胆将军"。有一次，他召集士兵们进行战前动员，风趣地说道："凯旋回家后，今天在座的弟兄们都会获得一种值得夸耀的资格。二十年后，你会庆幸自己参加了这次世界大战，到那时，当你在壁炉边，孙子坐在你的膝盖上，问你：'爷爷，你在第二次世界大战时干什么呢？'这个时候你就不用尴尬地干咳一声，把孙子移到另一个膝盖上，吞吞吐吐地说：'啊……爷爷我当时在路易斯安那铲粪。'与此相反，弟兄们，你可以直盯着他的眼睛，理直气壮地说：'孙子，爷爷我当年在第三集团军和那个狗娘养的乔治·巴顿并肩作战！'……"

听了巴顿将军这番富含幽默的激励演说，在场的所有士兵们立刻觉得热血沸腾，每个人胸中都油然生出一种勇往直前、奋不顾身的激情。

巴顿将军的这段话表面上是在调侃对未来愿景的展望，但其实却是一种幽默式的激励，这种独特的表达方式无疑更能让士兵们在轻松的愉悦中感受到奋勇作战的使命和光荣。

　　总之，幽默激励能产生一种可以让平庸者变成天才的神奇力量，只要我们运用恰当，往往可以帮助自己和他人增强乐观的自信，使我们从容应对任何困难，摆脱种种烦恼；相反，不懂得用幽默来激励自己和他人的人，很难调节不良情绪，从而导致所遇到的困难越来越多，最后就很有可能一蹶不振，自甘堕落。

PART 8
游走职场的幽默式

让生活不再苦闷,让交际再无障碍,让职场愈发得意,让情场充满欢愉!

面试时的幽默为你赢得更多机会

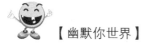【幽默你世界】

很多人在面试的时候都会略显紧张,也有不少有能力、有才华的人为此失去了得到一份心仪工作的机会。

其实,失去一次工作机会不可怕,只要我们不轻易放弃,就会有希望。而且有的时候,在看似已经没有希望的背后,只要你懂得运用幽默,可能还会有意外的机会。

比如,你在面试时,对方可能有了别的想法,不想雇用你,就说:"很遗憾,我们现在很忙,人手有限,都忙不过来,所以目前不招聘了。"你不妨顺势说:"很显然,既然人手有限,都忙不过来,说明你们现在正缺人手,何不给我一个机会,不就没遗憾了吗?"如此一来,说不定你很快就会收到出乎意料的惊喜呢!

当今社会,各种工作机会的竞争都非常激烈,所以如何让自己在众多的竞争者中脱颖而出就成了求职者最为关注的焦点之一。尤其是对那些刚毕业的大学生来说,在面试的时候,自我展示往往是最终决定成败的一个关键。因此在这个时候,我们一定要保持头脑的活跃,多想一些幽默的点子来尽情展示自己,以让自己获取更多的工作机会和意想不到的效果。

首先,在面试中进行自我介绍时,不妨加入一点幽默。自我介绍是面试时的第一道题,成功的自我介绍能给考官留下深刻的印象,所以我们不妨以别出心裁的幽默方式来达到这种良好的效果。

美国政治家查尔斯·爱迪生在竞选州长时,不想利用父亲(大发明家爱迪生)的声誉来抬高自己,所以他在发表竞选演说时这样自我介绍:"虽然大家都知道,我是大发明家爱迪生的儿子,但是说实话,我真的不想让人认为我是在利用爱迪生的名望,所以我宁愿让你们知道,我只不过是我父亲早期试验的结果之一。"

查尔斯·爱迪生的这段简洁的介绍,马上就迎来了一阵阵掌声。*

在这里,人们之所以鼓掌,并不是因为查尔斯是大发明家爱迪生的儿子,而是因为他幽默的言辞以及风趣的表述。查尔斯的幽默和风趣深深逗笑了大家,既展示出了他的睿智与气度,由此也大大提升了他在人们心目中的印象指数。

在求职面试时,考官手中往往拥有很多求职履历表,这里面的应聘者大多数都是实力雄厚之人,因此若想让他知道你和别人相比有什么独到之处,很大程度上就要看你在作自我介绍时的表现是否出色了。

其次,应对考官,你要懂得用幽默来推销自己的个性。在面试过程中,推销自己的时候,要突出自己的特色,抓住自己最能打动别人的优点,以创造性的姿态幽默地表达出来,这样你才会因为自己的与众不同而被考官所注意。

李娜是个聪明漂亮的姑娘,有一次,她参加了一个"青春形象大使"征选比赛,经过重重突围,最后终于进入了决赛。在决赛中,为了测试参赛小姐的思维速度和应对技巧,主持人提出了这样一个难题:"假如你必须在肖邦和希特勒两个人中间选择一个作为终身伴侣的话,你会选择哪一个呢?"

面对这样的问题,几乎所有的选手都毫不犹豫地选择了肖邦,认为

---

*原文题名《实验的结果》

他浪漫、多才多艺，但是李娜却独辟蹊径，选择了希特勒。对此，她是这样解释的："如果我嫁给希特勒，我相信我能够感化他，那么第二次世界大战就不会发生了，也不会有那么多的人家破人亡。"*

李娜的这个幽默巧妙的回答顿时赢得了人们的掌声。其实这个问题难度较大，如果回答"选择肖邦"，势必没有特色，显得很平淡；如果回答"选择希特勒"，则很难给出合理的解释。但是李娜没有随波逐流，既选择了出人意料的答案，同时又给出了合理而又充满正义的理由，从而成功地推销了自己的特色，以幽默、机智给观众和评委留下了深刻的印象。

再次，调侃趣说，随机应变。在面试过程中，考官往往为了不至于"选错郎"，故意设置各种语言陷阱，以探测你的智慧、性格、应变能力以及心理承受力。对此，你只有识破这些语言陷阱，才能小心巧妙地绕开它，不至于一头栽进去。

有位叫周正的男青年来到一家艺术品商店求职。

老板问他："你有工作经验吗？"

"哦，有的！"周正很坚定地回答。

"那如果我们不小心把一只贵重的花瓶给打碎了，你说说，该怎么办？"老板故意给周正设陷阱，看看他如何应对。

周正微微一笑，幽默地回答道："很简单，我会把碎片重新黏合好，再给它穿上一件精美的衣裳，使其展现出另一种魅力，让顾客一见就两眼放光，增强购买店里艺术品的欲望。"

听了这个回答，老板很是满意，笑着点头对周正说："很好，你被录用了。"

在这则幽默的对白中，老板通过假设条件对周正进行了刁难，但头脑灵活的周正并没有怯场，而是以随机应变、幽默的才能，轻松躲过了

---

*摘编自张扬编著《幸福女人要读的心理学》，北京：石油工业出版社．2008年

这一劫，并且他的回答，表现出了为企业利益考虑的品质，这就难怪老板最终毫不犹豫地录用他了。

最后，当考官提到你的短处时，你要学会以幽默的方式扬长避短，淡化缺点。俗话说：金无足赤，人无完人。在面试的过程中，如果你一味地刻意掩饰对方已知晓的自己的短处，恐怕就会招致对方的反感。所以最好的办法就是"这壶不开提那壶"，扬长避短，借助幽默来将自己的缺点淡化。

英国科学巨匠法拉第当年向戴维爵士求职时，戴维问他："你的信和笔记本我都看过了，你好像在信中没有说明你在什么地方上过大学吧？"

法拉第从容地回答："是的，先生，我没有上过大学。但是在过去的这些年里，我尽可能学习一切知识，并用自己的房间建立的实验室进行试验。"

戴维说："哦，你的话使我很感动。不过科学太艰苦了，付出极大的努力只能得到微薄的报酬。"

法拉第笑了笑，风趣地说："但是，我认为，只要能做好这种工作，本身就是一种报酬！"[*]

法拉第与戴维的这段对话十分精彩、有趣，当戴维爵士提到法拉第没有受过正式教育时，法拉第仅一语带过，马上把话题投向自己的长处——执著、勤奋，而这正是从事科学研究所需要的品质，因此最终法拉第被爵士破格录取为自己的助手。

由此可见，当被招聘者问起缺点时，我们最好不要强词夺理地去回避，而是要在坦然承认的同时，以幽默来模糊掉这些缺点所带来的弊端，甚至把缺点过渡为优点，这才是上上之策。

总之，不管怎样，在面试时，如果你能学会运用幽默的语言给考官

---

*摘编自黎娜编著《玩的就是心计大全集》，北京：中国华侨出版社．2011年

留下深刻的印象，那么往往就能弥补先前笔试或是其他条件如学历、专业上的一些不足，从而顺利通关，打开职场之门。

在建议中加点幽默,上司会更乐意接受

【幽默你世界】

身在职场,作为下属,你向上司提意见或建议,其实是一件很微妙很棘手的事情,所以表达方式就显得尤为重要。当你运用幽默的方法,轻松愉快地让上司认识到你所提的问题时,无疑会避免很多不必要的尴尬,从而使自己赢得上司更多的好感和信任。

假如你的上司是一位不善于反省自身的人,面对公司最近销售额极低的事实,他总是在会上大声呵斥下属:"就你们这种工作水平,怎么在市场上混?干脆卷铺盖回家得了!这就好比一支足球队,如果无法获胜,队员们就都得被撤换掉,是不是?"这个时候,你不妨微笑着回答说:"领导,据我所知,一般情况下,如果整支球队都有麻烦的话,通常是要换个新教练。"这样巧妙的比喻,很容易就能让上司对自己的行为反思。

在职场中,作为下属,免不了要与上司打交道,并且经常要向上司表达自己对某工作的一些看法,或是提出一些对工作或业务发展的建议。这个时候,你就要特别注意提建议的方式了,如果方式不当,轻则使彼此间的沟通无法进行,重则就有可能使上司对自己产生一些偏见,从而使你以后无法在公司与对方和睦相处,这样一来,你在公司里的境遇就会变得很糟糕。所以在给上司提建议的时候,我们不妨也来点幽默的情

趣,这样就既能融洽气氛,同时又可以让上司更乐意接受,可谓一举两得。

有位公司老总,一天早上去慰问自己的员工,并顺便询问了他们的早餐状况。当然,面对老总的询问,大部分员工因为慑于老总的权威,基本上都含糊其辞地回答说"差不多"、"还可以"等,只有一位员工表现出非常满足的神情对老总说:"一个鸡蛋、一碗麦片粥、三块蛋糕、两个夹肉卷饼,还有一个苹果,太丰盛了!"一听此话,老总有些难以置信,风趣地对这位员工说:"你们的标准差不多都要赶上国王的早餐了!"岂料,老总的话刚说完,这位员工马上毕恭毕敬地回敬道:"很遗憾的是,这是我在外面餐馆享受的标准。"

老板若有所悟,在慰问之后,就马上开会讨论,责令有关部门改善员工们的伙食待遇。

这位员工非常善于对领导迂回地表达自己的意见,他运用幽默俏皮的语言,轻易地在轻松的氛围中表达了大家对伙食的不满,同时又让老板一下子明白了员工们想要的伙食标准。

当然,职场上遇见像上面这位善解人意的领导还好说,一两句幽默就能轻松达到让对方采纳建议的目的,可是在现实生活中,如果你不幸遇到了像下面这位蛮横无理的赵主管一样的上司,那就要运用幽默"以牙还牙"了。

一提起这个赵主管,大家个个都气得咬牙切齿,因为他这个人仗着与老板有亲戚关系,平日里对下属们总是颐指气使,甚至有时候还骂人。有一次,公司聘请了一个叫小李的新员工,被赵主管纳入麾下。面对这个刚出校园的毛头小伙,赵主管说话总是很尖酸刻薄,动不动就指着鼻子对小李训话:"你既然归我管,就得懂得服从我!知道吗?我叫你往东,你就不能往西……"

小李也是个好脾气,再说刚毕业找个工作也很不容易,所以面对上司的训话,他只是把怒气咽到肚子里,一个劲儿地点头称是。

一次，公司有位重要的客户来访，赵主管吩咐小李为客人端茶倒水，递烟。事情做完后，小李就站在一边。这时，赵主管要为客人点烟，却发现没有打火机，于是就气急败坏地对小李吼道："笨蛋！你傻站着干吗？烟、打火机、烟灰缸都是环环相扣的，没有打火机怎么点烟？还不快去拿！"见此情形，小李不敢怠慢，尽管心中怒火升腾，但还是赶紧把打火机拿了过来。

几天后，赵主管生病了，便让小李去帮他请个医生。结果，小李去了几个小时才回来，于是赵主管又开始骂骂咧咧："你是干什么吃的啊！让你去请个医生，需要这么长时间吗？"小李故意大声回答说："主管，您要知道，做什么事都是环环相扣的，现在医生、律师、棺材店老板、殡仪馆老板，他们都在外面等着呢！"

一听这话，赵主管哑口无言，他自知理亏，就再也没提这事。不过从这以后，小李慢慢发现，赵主管对自己的态度好了许多，说话也客客气气起来。

这个小李有胆有谋，面对赵主管这样对人没有起码尊重的上司，他懂得运用幽默来表达自己的不满，提出自己合理的建议，从而最终使对方的态度有所改善。试想，假如小李当时不是采取这种委婉的方式，而是满怀怒气地同赵主管争吵，发泄自己的不满，那么最后他就极有可能被对方开除，那样的话，事情就会弄得一发而不可收拾。

其实，除了在工作上能够运用幽默向上司提建议外，即便是遇到加薪这个敏感话题，我们照样也可以用俏皮话来委婉地表达出来。

陶俊在某家外资企业工作，他不仅在工作上兢兢业业，而且为人也非常风趣。有一次，陶俊接连两次给公司提出的销售建议都被老板采纳了，并且不久后在他的这两个建议的推动下，公司的销售业绩分别提高了20%和13%。

面对如此快速提高的业绩，老板自然非常高兴，他把陶俊叫到办公室，拍着他的肩膀鼓励道："小伙子，干得不错，继续加油！我不会亏待你的。"陶俊听了老板的夸奖,很开心地说:"您就放心吧,我相信您会将这句话放进我的工资袋中的。"一听此言,老板会意地笑了,随即爽快地说:"会的,一定会的!"

结果,不久后,陶俊终于如愿以偿地加了薪。

陶俊之所以能够如此轻轻松松地让老板为自己加薪,除了他自身的工作能力之外,这番寓庄于谐的言语也非常关键,最终很自然地就让老板的鼓励变成了实实在在的钞票。由此可见,面对加薪这个很严肃的话题,我们在给上司提建议的时候,一定要在合适的时刻、合适的地点,非常机智而又不失幽默地去提,这样才可能让上司更乐意接受;否则,不但加薪不成,还极有可能会引起上司的反感,甚至会因此被上司逐渐疏远。

以幽默来管理下属，"笑"果会更好

【幽默你世界】

运用幽默来管理下属，不仅能够增加你的威信和尊重，同时还能展现你幽默风趣的亲和力。因此我们平时要多锻炼一些幽默口才，在出乎意料的幽默逻辑思维中，将下属管理得心服口服。

假如你得知有个总爱请假的下属这次竟然以参加祖母的葬礼为由请了几天假，等他回公司上班后，你可以这样微笑着对他说："我一直不相信人会死而复生，但是昨天彻底相信了。因为就在你请假去参加祖母葬礼的路上，昨天上午她就来看望你了。"如此幽默地批评下属，肯定会让他更深刻地认识到自己的错误，同时又不伤彼此间的和气。

行走职场，我们不难发现，具有幽默感的上司要比那些古板的上司更容易与下属打成一片。这到底是为什么呢？其实原因很简单，当下属在与幽默上司共事的过程中，上司的幽默不仅会化解很多令人尴尬的事情，而且还能使大家心情愉快，工作积极性被充分调动，从而大大增强团队的凝聚力。所以如果你是一位管理者，那么就一定要懂得：想要做一名优秀的上司，拥有更多的晋升机会，就不能仅仅在下属面前表现出自己严肃、认真的一面，还要适当地展现出自己幽默风趣的一面，这样才能给大家树立一种和蔼可亲的形象，从而为自己以后的职场晋升聚积人气资本。

美国总统林肯，有一次前去会见新任的部长布兰德。正当两人边走边说话的时候，林肯忽然发现走廊里有队士兵正在那里等候，准备接受总统的训话，于是就与部长一起走了过去。士兵们看到总统来了，便开始齐声欢呼。但是这位新部长此时此刻还没有反应过来总统将要做的事，直到一位副官向他示意后退时，他才恍然大悟，发现了自己的失礼，于是觉得尴尬极了。

而这时，一向幽默风趣的林肯却对此没有丝毫介意，微笑着慢悠悠地对那位新任部长说："没关系，布兰德先生，或许士兵们根本就不知道谁是总统呢。"

就这样，林肯的一句幽默话让失礼的部下马上找到了台阶，避免了紧张和尴尬，而与此同时，也让全体在场的人感受到了总统的可亲可敬。

当然，作为上司，不仅自我调侃可以让下属们感受到你的大气与豁达，就连在批评下属这件看似很严肃的事情上，你的一两句带有幽默的说辞往往也可以在谈笑间点出症结，让对方在轻松、愉快的氛围里领悟到其中的道理。

伍德鲁夫是著名的可口可乐公司的老板，有一次，他去视察一个瓶装车间，发现这个车间的卫生特别脏乱，于是马上就把瓶装工人给叫了过来，温和地对他说："你最好在第二天把你的操作间打扫干净，不然，你很快就会发现，自己被换到其他某一条生产线上了。"

岂料，这个瓶装工人怀着不满抗议道："但是，伍德鲁夫先生，打扫干净没什么作用，第二天就会恢复老样子。"在场的人看到瓶装工人竟敢如此当众顶撞老板，心里都很紧张。一阵沉默之后，伍德鲁夫缓慢地、有意地把雪茄从嘴里取出，眼睛直直地盯着这个瓶装员工，说："你每天都得擦你的屁股，是不是呀？"说罢，伍德鲁夫重新叼起雪茄，离开了。*

*摘编自憨氏编著《用幽默化解困境》，呼和浩特：内蒙古人民出版社．2005年

身为大公司的老板，面对下属在工作中所犯的过错以及顶撞之词，伍德鲁夫当时并没有大发雷霆地去指责对方，而是以形象幽默的语言一针见血地道出了他在工作中的失误之处。这个瓶装工人在感激老板的宽大胸襟之外，更加愉快地接受了老板的批评，从此做事也比以前认真多了。

批评也是一门艺术，而作为上司，当你在批评下属的时候，更要懂得幽默，这样才能使批评显得温和，进而更有效。与此相反，那种硬邦邦的斥责，只会伤害对方的自尊，让他丧失工作的自信，甚至一蹶不振。

由于工作上的需要，上司批评下属的情形在所难免，但是你要知道，批评不是目的，而如何让犯错的下属认识到自己的错误，激励他以后认真改正，这才是上策。所以在运用幽默的方式批评下属时，我们一定要把握住这个原则：幽默批评并非毫无意义的调侃，要想办法使它转换成一种激励手段，促使犯错的下属更好地去改正、去工作。

柯立芝是美国第30任总统，他在任的时候，有一位漂亮的女秘书，而这位女秘书总是会犯粗心大意的错误，尤其是在处理公文的时候。

一天早上，柯立芝总统看见这位女秘书穿了一身漂亮的衣服走了进来，就笑着夸赞她说："你这身衣服真适合你，简直完全就是为你这种年轻漂亮的小姐量身定做的。"女秘书一听总统夸自己，顿时觉得心花怒放，紧接着，她听到总统说："我相信你也能够将公文处理得和你本人一样漂亮。"听罢这句话，女秘书心有所悟，顿时觉得很惭愧。

不过这件事情以后，柯立芝总统发现，女秘书逐渐改正了粗心的毛病，公文处理得越来越漂亮了。[*]

聪明的柯立芝总统采用先扬后抑式的幽默，在夸赞了女秘书的同时也很巧妙地达到了批评、激励的目的。这种灵活的应变方式，很轻松地就把问题给解决了，不得不说是相当高明的技巧。

---

[*]摘编自李杰卿编著《这样说别人才会愿意听 这样做别人才会重视你》，武汉：武汉出版社．2010年

有一次，张震将军到部队视察，召集了大部分军官开座谈会。会上，张震将军问在座的军官："部队里战士们的津贴是多少？"问完之后，竟然没有一个军官主动回答他的问题，看来所有的军官都不知道这个答案。

见此情形，张震将军气不打一处来，但是他并没有直接发火去批评在座的任何一个人，而是给他们讲了一个故事，他说："民国的时候，有个军阀叫张宗昌，他有个外号，叫'三不知将军'。为什么呢？因为他虽然身为将军，但却一不知自己到底有多少兵，二不知自己有多少枪，三不知自己有多少个老婆。他的外号由此而来。"

听完这个故事，在座的军官们都低下了头，明白了张震将军讲这个故事的用意。

在这个事例中，我们看到，张震将军没有一句直接批评下属的话，而是用幽默的故事来启发和激励在场的人，要他们体恤下属，不要做"三不知将军"。如此别样的方式，不仅不浪费气力，而且还收效甚好。

总之，职场中，作为上司，在管理下属的时候，你要懂得多运用一些智慧和幽默，这样不仅有利于你把工作做得更好，而且也可以让员工们生活和工作起来更快乐。

和同事一起分享幽默，你将更受欢迎

【幽默你世界】

常言道"笑一笑，十年少"，身在职场，亦是如此，在恰当的时机，与同事开个得体的玩笑，不仅可以松弛神经、活跃气氛，而且还能创造出一个适于工作的轻松愉快的氛围，从而大大提高工作效率。

假如有个体胖的女同事经常在办公室里抱怨说："我真希望现在是唐朝！要是那样的话，像我这么胖的女孩就不会为找男朋友发愁了！"对此，你不妨笑着说："我也真希望现在是唐朝！因为那样一来，满大街苗条的美女没人要，我就可以随便挑了！"这样的调侃既不会伤害同事的自尊，同时也能让彼此相处更快乐。

俗话说"一个好汉三个帮"，我们中国人也一向普遍认为"在家靠父母，出门靠朋友"、"朋友多了路好走，多个朋友多条路"，但是随着社会的发展，这种处事原则在现代职场中却似乎越来越"行不通"。不少职场朋友总这样认为：职场如战场，在办公室里，没有真正的朋友，只有工作上的对手，和同事做朋友，只能是给自己埋下一颗定时炸弹。

其实，和同事做朋友非常必要，你想，作为上班族，大家的大部分时间都在办公室里度过，可以说彼此形影不离。你若是能够正确处理好与他们之间的关系，不仅会增添工作中的乐趣，让你们的日常工作生活多彩起来，而且更重要的是，这对于你在职场中的发展也会有着不可忽视的影响力。因为有了办公室超高的人气，你的影响力和号召力就会大大提升，这样一来，晋升的机遇还能不落到你头上吗？

但是如何与同事融洽相处，这其中也有技巧。如果你一味地以诸如"今天天气怎么样"之类的寒暄来与对方打交道，就有可能引不起他的兴趣。要想改变这种沉闷的局面，大家不妨在谈话中添加一些幽默的元素，这样就能将彼此之间的相处变得其乐融融、锦上添花。

最近连续下了好几天的大雨，公司的几个同事在一起闲聊天气。一个同事抱怨道："唉，这鬼天气，怎么一直下雨呢！"一位老实的同事规矩地回答道："是啊，都五天了，这样下去何时才能结束呢？"一位喜欢加班的同事说："龙王爷竟然连日加班，看来他也想多捞点奖金啊！"而另一位关注市政的同事则风趣地调侃道："玉帝也太不称职了！天堂的房管所坏了，都不派神仙去修，老是漏水！"话音刚落，旁边一位喜欢文学的同事马上接上了嘴："嘘——，你们小点声，别打扰了玉皇大帝读长篇悲剧。"

说至此，几个同事互相瞧瞧，哈哈大笑起来。

像这几位同事，在工作闲暇之余，以幽默的闲聊增加了谈话的风趣，使大家在开心中舒缓了心情，增进了彼此之间的友谊，可谓是一举几得。

当然，与同事相处，不光幽默闲聊能够融洽气氛，当你因为看不惯某人的举止而欲向他提意见时，照样可以用幽默来进行委婉的暗示。

小高是某公司的职员，工作兢兢业业，上班几乎从不迟到，所以对于办公室里那位总爱在周一迟到的女同事很有些意见，总想找个合适的机会劝她两句。

有一天，这位女同事又一如既往急匆匆地奔进了办公室，气喘吁吁地跑到打卡机旁边，慌忙打卡，然后坐在座位上手忙脚乱地整理文件。这时，坐在一旁的小高凑了过来，笑着轻声地向她问道："我尊敬的女士，星期天晚上有时间吗？"

"当然有啦，我尊敬的先生。"女同事打趣地说。

"那你就早点睡觉嘛,否则周一早上总是这么一阵风似地来得匆匆,不怕心脏会承受不住啊?呵呵。"

听了小高的这句调侃,这位女同事马上意识到了什么,在笑声中羞红了脸。

小高对女同事的建议是善意的,他也很懂得用幽默来委婉地暗示,因此很容易就让对方在快乐中接受。所以小高的这次玩笑不但没有伤害到女同事的自尊,反而通过这样一种趣味提议拉近了两人之间的关系,以后他们慢慢成了好朋友。

有一家公司的餐饮部,伙食很差,收费却很贵,职员们经常抱怨吃得不好,甚至还责骂餐厅负责人。

有一次,一位职员向服务员要了一盘鱼,可是端上来之后,这位职员失望地发现,这条鱼瘦瘪得可怜,几乎没有什么肉,于是就不动声色地对服务员说:"我与你们餐厅经理是好朋友,麻烦你把他叫来,我们有事相商。"不一会儿,经理来了,这位职员幽默地对他说:"你好,麻烦你过来帮我问问这条鱼,它身上的肉都跑到哪里去了?难道它只让我们吃它的鱼刺吗?"

一听这话,餐厅经理笑了,随即用满含歉意的口吻说:"对不起,是我没注意,居然把一条减了肥的鱼给你端上来了,我这就叫人去换。"随即,他让人重新端上一盘肥嫩的鱼。

同为一个公司工作,作为同事,这位聪明的职员并没有当面对餐厅经理大加指责,而是用一种开玩笑的方式,让对方认识到了他们的错误。如此巧妙的做法,既不至于伤害同事之间的情感,同时又能缓和气氛,拉近彼此之间的关系,不能不说显示出了一种极为幽默的智慧。

有两位保险公司的职员,一次发生了争执,双方都夸耀自己的公司在支付保险金上速度非常快。第一位说他的公司准能在事故发生当天就把保险金送到投保人手中。另一位则说:"那根本算不上快。我们公司在大楼的第23层,如果有一位投保人从40层跳下来,当他经过第23

层时，我们就可以把保险金支票从窗户里交给他了。"

结果，此话一出，刚才还争执得面红耳赤的两人，都不禁哈哈大笑起来，很快就消除了不快。*

事实上，当今社会随着工作压力的剧增，很多职场人都深感力不从心，在这种情况下，只有具有幽默感的人，才能在硝烟弥漫的办公室中突出重围，才能给领导、同事一个良好的印象。所以能够在工作中不忘偶尔幽上一默的人，必定是睿智的，这种轻松的处事方法，也必定是大家所喜欢的。

*摘编自成钢编著《金口玉言：话原来可以说得更金贵》，长春：万卷出版有限公司．2007年

把幽默用于推销,往往能够让你出奇制胜

【幽默你世界】

当我们主动向顾客推销商品时,对方往往会由于抵触心理而冷言拒绝。这个时候,你不妨在与对方的谈话中适时地接过话头,运用幽默来灵活应对。

假如你是推销帽子的,当顾客听到一顶帽子竟然要价好几百元时,往往会忍不住埋怨:"天哪,这样一顶帽子竟然这么贵!用这些钱足可以买一双很不错的皮鞋呢!"此时,你可以迅速接话回答说:"先生,您说得一点都不错,但是您要知道,再好的皮鞋,也不可能当成帽子戴在头上呀!"这样一来,肯定会博得顾客一笑,从而很快消除对方的抵触情绪。

作为职场人,我们都知道,对于一名销售员来说,发展客户是其主要工作,而在此过程中,推销者的口才对其最终成功与否起到关键性的作用。如果我们能够掌握客户的心理,运用机智,巧用幽默,往往就能抓住机遇,出奇制胜,以一种幽默新颖的方式推销出自己的产品。

说至此我们不禁会联想到过去走街串巷的货郎的叫卖。他们的叫卖总是富含风趣,吸引人的注意力。比如卖老鼠药的:"咬了箱咬了柜,咬了你家大花被。你包饺子要过年,它把饺子偷吃完。你舍得花上两毛钱,家里的老鼠全玩完。"卖调味品的:"胡椒面、小茴香、花椒、八角

和生姜，不用香油不用酱，包的饺子喷喷香，两毛钱一大两，买回家里尝一尝。醉倒新女婿，乐坏丈母娘……"这些叫卖让人听了禁不住要开怀一笑。而这一笑，就缩短了推销者与顾客之间的距离，买主的戒备心在无形之中就减弱了。

对于销售员来说，客户就是"衣食父母"，而幽默则是礼物，能讨得这些"衣食父母"的欢心，从而使自己成功地拓展业务，让自己走向成功。

有一位秃顶的先生在商店里漫无目的地闲逛，店员向他打招呼说："先生，买顶游泳帽吧，好保护您的头发。"

一听此话，这位先生有些生气地说："笑话！我这几根头发数都数得过来，保护个啥？"

店员微微一笑，说："可是戴上游泳帽，别人就数不清您的头发了。"

秃顶先生笑了，想了一想，觉得这位店员说得有理，于是就马上掏钱买了一顶。

这位店员很是机智，他掌握了秃顶顾客的心理，运用幽默的语言让其从不买转变到买，可谓出奇制胜，新颖风趣。

胡军是一位推销钢化玻璃酒杯的推销员，有一次，他当着许多客户的面进行示范表演。为了说明酒杯的经久耐用，他把一只钢化酒杯扔在地上，但是出乎意料的是，这只酒杯"啪"的一声全碎了。

见此情形，客户们全都睁大了眼睛，疑惑不解，不知道胡军葫芦里到底卖的什么药。而胡军呢，看到这只酒杯在关键时刻如此不给力，心里也马上"咯噔"了一下，但是他立即恢复了平静，用沉着而富于幽默的语气对客户说："像这样的杯子我是不会卖给你们的。"

听了胡军的话之后，大家都轻松地笑了，以为他这次摔碎杯子是有意而为，是为了引出下面的表演，吊大家的胃口，场内的气氛顿时活跃起来。

胡军乘机顺势又扔了五六个杯子，都取得了成功，这一下马上就博得了客户们的信任，最终销出了几十打酒杯。*

胡军在第一次摔杯子的时候，他做梦也没想到关键时刻会掉链子——酒杯被摔碎。而对于这种突如其来的意外，胡军却能随机应变，顺水推舟，让突发情况成为推销的一个环节，从而产生强烈的幽默效果，最终达到了推销的目的。

小张是某售楼部推销员，一天，他向前来看房的客户这样夸耀道："您看，我们所建的这个小区，非常干净，阳光明媚，空气清新，鲜花绿草到处都是，可以毫不夸张地说，疾病与死亡跟这里的居民无关……"

正在这时，远处一队送葬的人哭声震天地走了过来。这位推销员马上又对客户说："您看，这位可怜的人——他是这儿的医生，就因为无病可医，失去了工作，被活活饿死了。"

这位推销员的脑筋转得很快，如果他当时对送葬队伍这件事没有一个合理的解释，相信客户们都不会乐意接受他之前的那番吹嘘，并且极有可能还会对他的印象大打折扣，从而对其房子产生怀疑。但是这位推销员的那句幽默正好打破了这一尴尬，最终让他们的交易稳定地进行。

美国著名的音乐指挥家斯托科夫斯基经常光顾一家小饭馆。老板每天都用好饭好菜招待他，却不肯收他一分钱的餐费。对此，斯托科夫斯基很是纳闷，有一天终于忍不住问那位饭店老板："你为什么对我这么客气？我又不是付不起饭钱？"

老板恭恭敬敬地回答道："我非常尊崇音乐，不在乎您的饭钱。"

听罢此话，斯托科夫斯基很受感动。但是当他走出饭店，却惊讶地发现在饭店的橱窗里挂着一块广告牌，上面写着："请到本餐厅和伟大的音乐指挥家斯托科夫斯基共进早餐、午餐和晚餐。"

这位饭店老板真是一位深谙舍得之道的高人，他以免费的饭菜来吸引指挥家前来就餐，看似失去了一笔收入，其实却是用指挥家的影响力

---

*摘编自赵红谨等著《左右脑销售》，北京：人民邮电出版社．2007年

无形中为饭店招揽顾客，以此让更多的人前来吃饭。如此以小博大的做法，实在是经商的一门大智慧。

总之，作为职场上的一名推销员，和客户打交道就像是媳妇伺候一位难缠的婆婆，稍不留心就会面临非常棘手的问题。这就需要做媳妇的练就一身善于左右逢源的幽默之术，这样才能够让自己在对付刁钻的婆婆时，做到游刃有余。

关键时刻，用幽默为尴尬者打圆场

【幽默你世界】

运用幽默来为上司打圆场，找对理由是关键。所以我们在看到上司身处窘境中时，一定要随机应变，尽量把打圆场的言语说得风趣幽默，甚至新奇怪异，不合常理，这样效果往往会更好。

某日，你的上司正在办公室里忙于工作，这时秘书接了个电话，说是上司老婆打来的，上司问秘书："她说什么了吗？"这位新来的秘书脱口说道："她说她吻你。"一听此话，上司很是尴尬。这个时候，你就不妨笑着打圆场对秘书说："小王啊，你没看领导正在忙吗？这个吻你就先替他收着，待会儿再还给他。"这样一来，必然逗乐一屋子的同事，从而让上司轻松脱离窘境。

当了领导的人，一般都比普通人更注重面子，尤其是在公共场合碰到了尴尬，会感到十分沮丧。在这个紧要关头，作为下属，如果你能勇敢地站出来，并随机应变的运用幽默来替领导解围，往往不仅可以保全领导的情面，而且还能为自己的职场前途发展奠定基础。

清朝末年，江夏有个知县叫陈树屏，口才极好，尤其善于调节纷争。一次，他宴请上司张之洞和谭继洵等人。张、谭两人素来不和，席间在聊天的过程中，当谈到长江江面宽窄时，张之洞就与谭继洵高声争吵了起来。谭继洵说江面宽是五里三分，而张之洞则坚持说是七里三分。就这样，两人争得面红耳赤，互不相让，一下子让本来轻松的聊天气氛变得紧张起来。

见此情形，陈树屏知道两位上司都在借题发挥，故意争吵。为了缓和气氛，陈树屏站起身笑着对张、谭两人说："其实两位大人说得都对。江面在水涨时宽到七里三分，而落潮时便是五里三分。张大人是指涨潮而言，而谭大人则是指落潮而言，所以你们说得都有道理。"

一听此话，在座的众位官员纷纷鼓掌，而张、谭两位大人呢，也都心服口服，不好意思再争论下去了。*

知县陈树屏风趣地把江宽分为两种情况，一宽一窄，使张、谭两人的观点在相应的情况下都显得正确，从而巧妙地为上司解了围，让自己在对方心中留下了更好的印象。

清朝"无冕女皇"慈禧太后，相传非常喜爱看京戏，并且经常赏赐艺人一点东西。有一次，当她看完著名演员杨小楼的戏后，把他召到眼前，指着满桌子的糕点说："你唱得很不错，这些东西赐给你吧！"

岂料，杨小楼不想要糕点，他壮着胆子说："叩谢老佛爷，这些尊贵之物小民不敢领，请您另外赏赐……"

"那你想要什么？"慈禧当时的心情不错，因此并未生气。

杨小楼又叩头说："老佛爷洪福齐天，不知可否赏个字给奴才？"

慈禧听了，一时兴起，便命人捧来笔墨纸砚，然后举笔一挥，写了一个"福"字。

这时，站在一旁的小王爷，看了慈禧写的字后，悄悄地说："福字是'示'字旁，不是'衣'字旁。"这话被慈禧听到了，她顿时觉得很尴尬，既不想让杨小楼拿走错字，同时也不好意思再要过来。而杨小楼呢，发现慈禧把"福"字写错后，也很紧张，装聋作哑拿回去吧，必遭人议论，还会犯下欺君之罪；不拿回去吧，也不好，弄不好惹怒了太后，

---

*摘编自萧萧著《愚者与智者的48个距离》，北京：北京科学技术出版社，2007年

自己的小命就保不住了。现场的气氛一下子紧张起来。

就在这关键时刻，旁边的李莲英眼珠一转，笑呵呵地打圆场说："老佛爷之福，比世上任何人都要多出一'点'呀！"聪明的杨小楼一听这句话，脑筋马上转过弯来，他连忙叩首道："老佛爷福多，这万人之上之福，奴才怎么敢领呢！"

慈禧太后正为下不了台而发愁，听杨小楼这么一说，急忙顺水推舟，笑着说："好吧，既然这样，那就隔天再赐你吧。"①

原本尴尬无比的处境被李莲英一句幽默之词给轻轻松松地化解了，怪不得李莲英一向受到慈禧太后的看重，看来他也是一个能够替领导打圆场的幽默智者！由此可见，想要获取领导的青睐，除了自身的工作能力够硬外，关键时刻能够挺身而出，巧用幽默为领导排忧解难、出谋划策也尤为重要。

小王是某建筑公司老板的秘书，有一次，他随同老板去参加某工程的"大干三十天，确保十月底封顶"的誓师大会。岂料，正当誓师仪式在如火如荼地进行的时候，不知道为什么，坐在主席台上的老板的座椅忽然倒下，老板随即从椅子上摔了下来，场面一时变得非常尴尬，甚至台下还有人笑出了声。

见此情形，坐在老板身旁的小王赶紧将老板扶起，并不失时机地拿过话筒，大声说道："今天的誓师大会开得很好，大家的决心也都很大，摩拳擦掌，准备大干一场。你们看，我们的总指挥都已经坐不住了……所以希望大家团结一致，确保三十天封顶！"

话音一落，台下立即爆发出一阵雷鸣般的掌声。而老板呢，也微笑着用感激和赞许的目光看了看小王。②

在誓师大会这样一个隆重的场合，总指挥从椅子上摔落下来，这该

---

①摘编自萧萧著《愚者与智者的48个距离》，北京：北京科学技术出版社．2007年
②摘编自史迪文著《世界上最会说话的人》，北京：北京邮电大学出版社．2005年

是多么尴尬的事情。但是小王的一段即兴讲话，则巧妙地打了圆场，为这种尴尬的局面解了围。你说，像这样一个幽默机智的下属，哪个做领导的不欣赏？

　　作为平时习惯了前呼后拥的领导，万一碰上什么尴尬的场面，丢脸的感觉绝对会比常人更强烈。所以作为下属，在这个时候以幽默来替领导解围，是你的分内之事，也会让领导更加喜欢你；相反，如果你闷不作声，眼睁睁甚至幸灾乐祸地看着领导独自承担这种尴尬，那么以后很可能就有"好果子"吃了。

幽默地拍拍马，可让对方心花怒放

【幽默你世界】

这年头，在职场上打拼的武器除了要有扎扎实实的硬功夫外，还要有兵不厌诈的软刀子，所以运用幽默来拍上司的马屁不仅有必要，而且还非常重要。但是我们一定要注意，拍马屁既不能生硬做作，也不能肉麻得让人起鸡皮疙瘩。

假如你的上司是位爱打扮的女性，但是她的打扮方式总是让人不敢恭维，经常在披散开的头发上别上一枚发夹，看上去活像旧上海的交际花。对此，你不妨夸赞她道："人漂亮怎么打扮都好看，老板，您看您的发质这么好，肤色又白，把头发盘起来肯定很有风韵。让我帮您换个发型吧，我在蒙妮坦学过几个月的美容美发呢！"这样的说辞既不会让对方反感，同时又能让对方笑呵呵地接受你的建议。

有这样一则笑话：

张三和李四两人在科举考试中榜上有名，被朝廷派到外地去做官。走之前，他们俩去向自己的老师辞行。老师语重心长地告诫道："官场复杂，比不得读书之时，所以你们以后凡事要小心谨慎为妙啊。"张三胸有成竹地说："老师您放心，我准备了一百顶高帽子，逢人就送一顶，想必不会出什么篓子。"

一听此话，老师很生气："你怎么可以这样呢？平时我是怎么教育你们的？还没正式做官，就先染上了官场的坏习惯！"见老师动了怒，张三马上赔笑说道："老师您说得很对！现在世风日下，像您这样廉洁奉公、实事求是、不喜欢奉承的人，实在是太少了。"听了张三的这几句话，老师马上转怒为喜，眉开眼笑地夸他所言极是。

最后，离开老师家后，李四笑着对张三调侃道："你的高帽子就只剩下九十九顶了。"*

笑话讲完了，不知大家从中悟出了什么道理。实际上，人人都喜欢听好话，即便是故事中那个廉洁正直的老师也不例外。而在职场中，运用这种幽默的拍马术来应对上司，更有必要。中国有句老话，叫"伸手不打笑脸人"，喜欢听奉承话是人性中共同的需要，上司也是一样，只要你的马屁拍得够好，够幽默，他往往更能对你刮目相看，从此愈加信任和欣赏你。

乾隆年间，台湾有人兴兵起义，负责镇压的朝廷部队屡屡受挫，这让乾隆很担心，他表示要御驾亲征。

和珅知道后，心想：那起义的小兵不过是一毛贼，偌大的一个朝廷必有人能管得了，怎么能让皇帝亲自去呢？再说了，放着偌大的大陆领地不去管理，为台湾那一个弹丸之地就御驾亲征，这不是显示大清朝没人吗？如果皇帝去了台湾，那大陆这边势必会乱作一团。

怎么能既阻止皇帝亲征，又不至于没人去解决这事呢？机智的和珅想了想，就对乾隆说：皇上，台湾战事不利有其深刻的原因，您看您在您统治的几十年里，对老百姓多好啊，轻徭薄赋，人头税都不征收了，只征一点地税，哪见您这么好的皇上？但是台湾那里肯定不知道您的仁慈，不知道您的恩德，是什么原因呢？依奴才看，就是官员的责任。您派去管理台湾的人没有把您的恩德带到台湾。所以依奴才愚见，您可以这样做：一是继续用兵；二是换掉台湾的官员。换上一个新的官员，把

*摘编自唐朝著《三寸之舌赢天下》，北京：机械工业出版社，2010年

您的仁德带给台湾人。

和珅这么一说，乾隆听了很受用，就采纳了他的建议。*

从这件事上看，大臣和珅一直很受乾隆皇帝的宠爱，显然不是没有理由的。你看，他的话虽不多，但却不仅句句说得在理，还把皇帝的功德夸耀了一番，最终达到了事先的目的。其拍马屁水平确实很高，难怪乾隆那么喜欢他、重用他。

小夏是某公司老板的秘书，但是他的工作却很清闲，因为老板有个习惯，经常自己动手写发言稿，即便有时候吩咐小夏为他准备稿子，这位老板也总是事先把稿子的"路子"告诉他，供他执笔时参考。所以聪明的小夏经常风趣地对老板说"像您这样当老板，我们都快失业了"、"人家都说做秘书写稿子是件苦差，可是我却觉得为您写稿子是件很美的差事"等诸如此类的赞美之词。而老板听了这些话，觉得也很受用，每次都会对小夏报以愉快且会心的微笑。

试想，假如小夏没有运用幽默，而是直来直去地夸赞老板"您真有水平！别的领导都比不上您！"，那么说不定这位老板会接受不了，以为小夏是故意拍他的马屁，时间久了，肯定会对小夏反感。所以，对上司拍马屁，要讲究方法策略，如果你一味赤裸裸地猛夸海赞，只会弄巧成拙，落下一个"阿谀奉承"的坏印象。

薛鹏是某公司的部门主管，有一次，他看见总经理在抓好公司业务的同时，竟然结合工作实践撰写了一本有关经商之道的书稿，于是就这样奉承他道："总经理，我觉得您在企业工作真是一个错误的选择，如果您专门研究经营管理，我相信您一定会成为商务管理的专家，会有更加突出的成果问世。"

听完薛鹏的这席话，总经理不满地问他："你的意思是说我不适合做公司的总经理，只有另谋他职了？"看见总经理产生了误解，本来想

---

*摘编自纪连海著《历史上的和珅》，北京：中国民主法制出版社．2006年

给对方拍马屁的薛鹏顿时紧张得头冒虚汗。就在此时，机智的秘书过来替薛鹏解了围，说："薛主管的意思是说您是个多才多艺的人，不仅本职工作抓得好，其他方面也非常出色。"

一听这话，总经理笑了笑，转身走了，但是脸上明显还有余怒未消。*

作为下属，薛鹏本来是好心好意想借机恭维总经理的，但是由于他拍马屁的方式不当，导致对方产生了误解，心怀不满。而那位聪明的秘书却能见风使舵，及时地化解了尴尬。由此可见，同是对上司拍马屁，不同的表达方式，其效果却有着很大的差别。

总之，一个聪明的下属并不是总以赤裸裸的奉承之词来对上司拍马屁，相反，他往往能够运用幽默，见机行事，风趣地恭维上司，从而把马屁拍到对方的心里，让其心花怒放。

*摘编自李岳著《你是聪明还是笨》，南宁：广西人民出版社．2009年

PART 9
恋爱调情的幽默式

让生活不再苦闷,让交际再无障碍,让职场愈发得意,让情场充满欢愉!

幽默搭讪，刻意制造与异性接触的机会

【幽默你世界】

如何巧妙运用幽默来与异性搭讪？最主要的一点就是尽可能地利用一切可捕捉到的线索、可见的情景幽默一下，跟她开个得体的小玩笑。

假如你偶遇一位美女，非常想找个话题与她搭讪，你不妨走上前问她："美女，请问现在几点了？"对方说出几点后，你故作惊讶地说："这么巧？我的表也是，那你的手机号码是多少呢？看看是不是也和我的一样？"这样一来，肯定会逗得对方哈哈大笑，接下来你们之间的交流就很有可能会轻松、愉快得多。

茫茫人海中，每个人都希望能遇见自己梦寐以求的"梦中情人"。如果无意中你碰到了自己心目中的另一半，你该如何更好地去靠近他（她）？毕竟，太过冒昧地打招呼会惊吓到对方，但是你又不忍心就此放弃。在这个两难时刻，幽默搭讪不失为一种好方式，它往往能够帮助你找到可进可退的说话余地。

在一次男女聚会上，一位男士对坐在他对面的女士产生了好感，但他不知道对方是否结婚了。于是他主动上前向那位女士问道："见到你很高兴，你老公怎么没来？"

"对不起，我还没有结婚……"女士讪讪地回答。

"哦，我明白了，你老公跟我一样，都是光棍。"男士笑着调侃道。

听了这句很风趣的话，女士不由得笑了，马上就对眼前这位素不相识的男士产生了几分好感。

这位男士首先以巧妙的询问得知了女士的婚姻状况，然后又马上以幽默的回答向对方传达了自己也是单身的信息，真可谓机智、灵敏。

马歇尔是美国著名的五星上将，有一次，他在驻地的酒会上，被一位美丽大方的小姐给深深吸引住了，于是就端着酒杯微笑着走过去，主动与对方搭讪："尊敬的小姐，很荣幸见到您，请问您能答应我一个小小的要求吗？"那位小姐久闻马歇尔的大名，此时一看对方竟然主动过来跟自己说话，顿时心花怒放，连忙点头。

"请问我能在酒会结束之后开车送您回家吗？"马歇尔依然友好地微笑着说道。

"当然可以。"这位小姐当即满口应允。

其实马歇尔早就知道这位小姐的家就在驻地附近，但他还是佯装不知，慢悠悠地开了一个多小时的车才把对方给送到家门口。见此情形，小姐疑惑地问他："看来您是刚来这里没多久吧？怎么好像不太认识路似的？"

"我不敢那样说，如果我对这个地方不太熟悉的话，怎么能够开了一个多小时的车，而一次也没有经过你们家门口呢？"马歇尔幽默地回答道。

听了这句回答，小姐心有所悟，会意地笑了。*

马歇尔对这位小姐的巧妙回答隐含了"我其实是想和你多待一会儿"的意思，幽默的趣味尽在其中。由此可见，在运用幽默与异性搭讪之前，我们要有充分的心理准备，尽量让大脑处于活跃的状态，以便随时发挥；否则，如果你在与对方的接触中，心理活动不够稳定，总显示出一副局促不安的状态，那么难免就会让对方产生不必要的窘态，这样

---

*摘编自史迪文著《世界上最会说话的人》，北京：北京邮电大学出版社，2005年

一来，幽默也就无从谈起了。

　　小沈是某公司的业务员，一次在朋友的婚礼宴会上，他忽然发现有位漂亮的小姐气质非凡。她身穿低胸晚装，洁白的脖子上系着一个银白色的小飞机项坠，举手投足间显示出大家闺秀的风范。于是小沈马上就对这位小姐产生了好感，但是由于生性腼腆，等小沈走到那位小姐跟前时，却一时不知道该如何开口，所以当他看到对方白皙、丰满的胸部时，便害羞地低下了头。

　　这个小姐也是个细心人，看到小沈主动走到自己跟前却一直不开口，于是就温柔沉静地对他说："怎么，你喜欢我脖子上这个银色的飞机项坠吗？"

　　小沈鼓起勇气说："的确，小飞机非常漂亮，但是，我觉得更漂亮的还是飞机场。"

　　听了这句包含风趣的赞美之词，女孩开心地笑了，于是主动与小沈聊天。

　　事实上，男女之间总是充满着神秘感，同时也充满了诱惑。这种诱惑，很容易让人产生误解，所以如果你想要接近心仪的异性，就应该像故事中的小沈一样摆正自己的心态，大方得体地去面对对方，千万不要因为没有把握好接近异性的尺度而产生非分之想，从而使对方产生厌恶之感。

　　某大学图书馆，一位男生和一位素不相识的女生对坐看书。一个小时后，女生起身要走，男生伸手把她给拦住了："这位同学，别忙着走啊，你应该赔偿我吧？"

　　女生一愣，面带愠色道："赔偿你？赔偿什么？"

　　男生微笑着说："刚才我坐在你对面看书的时候，你曾经有意看了我几眼，所以当时我一下子就被你的眼睛给电到了，所以你应该赔偿我啊，作为一个有责任感的大学生，尤其是一个成年人，应该对自己的行为负责任吧。"

一听这话，女孩开心地笑了，马上对眼前这位帅气的男生产生了好感。在两人接下来一个月的交往中，这个男生果真以自己幽默俏皮的语言轻而易举地获得了女孩的芳心，两人很快就陷入了甜蜜的热恋中。

其实，与异性进行幽默沟通并不是件难事，只要你采取肯定和亲切的态度，不轻易对对方说"不"，往往能很好地保护对方的自尊心，从而使其乐意与你继续交往。

小李是个性格开朗的小伙子，一次，他在逛街的时候，忽然看到前面有位十分漂亮的姑娘，顿生好感，于是就情不自禁地追了上去，姑娘走到哪儿，小李就走到哪儿。

姑娘发现自己身后有人在"跟踪"，很不解，停住脚步回头问小李："咱们俩素不相识，你老跟着我干吗？"

"你太迷人了，我忍不住想跟着你。"小李是个实在人，说话直来直去。

看着小李满脸的羞涩，姑娘明白，对方不是坏人，于是就微笑着反问他："是吗？那你说说，我有什么可吸引你的地方？"

"你就像一朵盛开的鲜花！"小李直言不讳地回答道。

一听这话，姑娘心里自然是乐开了花，但是为了保持矜持，她还是故作生气地对小李说："瞧你这个丑样，像个甲壳虫，我可不喜欢你！"

"不，你说错了，我像只蜜蜂！"小李不愠不火，平静而幽默地回敬道。

听了这句幽默风趣的回答，姑娘掩嘴一笑，害羞地低下了头。

大家看，故事中的小李受到姑娘的嘲讽后并没有气馁，而是幽默地逗姑娘一笑，从而使自己在对方心目中的印象大大提升。这也就启发我们，作为一个男性，当你在与所爱慕的异性搭讪的过程中，如果出师不利，遭到对方的讽刺或拒绝，没关系，不妨尽量想方设法使自己的语言再幽默一些，这样结果往往会出人意料。

幽默表白，让你的求爱更显浪漫

【幽默你世界】

运用幽默来表白爱情，大致有如下几种方式：

（1）柔情似水：喜欢，就是淡淡的爱。爱，就是深深的喜欢。我希望以后可以不用送你回家，而是我们一起回我们的家。

（2）直接露骨：让我死后葬在你们家祖坟吧！

（3）玩转特技：你愿意嫁给我吗？如果愿意请站着举高双手，如果不愿意，请站着举高双腿。

（4）佯装影迷：（指着户口本的配偶栏）甜心，我好崇拜你，帮我签个字吧！

……

众所周知，表白求爱是恋爱初期必走的一步。对此，有的朋友喜欢直抒胸臆，毫无保留地向对方将自己的感情全盘托出，或当面陈述，慷慨激昂，抑或鸿雁传书，情溢纸上；有的则海誓山盟，恨不得将全世界都许诺给对方……但是你想过没有？如果你事先没有把握确定心仪的另一方到底是否也对你有意思，那么你的这些看似勇敢的举动，往往会遭到对方当面拒绝，甚至还会给你的自尊心造成严重的伤害，并且还不能体面地撤退。如此一来，势必就会给彼此造成压力和难堪，不仅恋人做不成，还极有可能连普通朋友也做不了。

所以从这些方面来说，巧用幽默来进行求爱表白，不仅能让自己的爱情之路充满浪漫和温馨，而且即便遭到了对方的拒绝，也不至于很尴尬。

有个小伙子和一个姑娘从小就在一起长大，可谓青梅竹马。等到情窦初开的年龄，小伙子一直想寻找机会对姑娘表达爱慕之情，但是他内心忐忑不安，不知道对方会作何反应。经过苦思冥想，小伙子最后终于有了个好主意。

这天，小伙子把那位心仪的姑娘约了出来，故意装作深沉的样子对她说："我心里一直有个秘密，你愿不愿意知道呢？"姑娘好奇地说："当然想知道了。"

小伙子忧心忡忡地说："唉，我喜欢上了一个美丽的姑娘，她是我见过的最美丽的人，我已经爱慕她很久很久了。"

一听此话，姑娘心里不免有些紧张，因为她其实也一直在暗恋着这位小伙子，因此就着急地追问道："是哪个姑娘？我认识吗？"

小伙子微微一笑，说："你肯定认识她。我一直把她的照片视为珍宝，你也来看看吧。"说罢，小伙子就从口袋里拿出一个很精致的小盒子递给了姑娘。

姑娘赶紧拿过来，打开一看，却发现里面根本没有什么照片，只有一面小镜子。她正在纳闷，发现自己的脸就在那面小镜子里，于是马上心领神会，回过头来看看小伙子，害羞地笑了。*

这个浪漫的爱情表白故事的主人公就是马克思和他的夫人燕妮。马克思不仅以巧妙而幽默的示爱方式向燕妮表明了自己的爱意，而且还给心爱的人带来了出其不意的惊喜和浪漫，为自己的爱情之旅增添了莫大的幸福感。由此可见，幽默的求爱表白更能轻易地打开异性的心窗。

小周在某公司财务部上班，由于工作需要，他经常到附近的一家银

---

*摘编自田伟编著《幽默改变人生全集》，哈尔滨：北方文艺出版社．2006年

行办理存钱和取钱的业务。时间一长，他就对银行2号窗口那位叫李娜的出纳员产生了好感，于是决定找个机会向对方表白自己的心迹，看看结果究竟会如何。

这天，小周像往常一样又来到银行，正巧李娜在值班。等轮到小周办理业务的时候，他把一张纸条连同要办理业务的银行存折一起递给了李娜。

事后，一头雾水的李娜好奇地打开了纸条，却看到了下面一段既让她忍俊不禁同时又心跳加速的话语——

"亲爱的娜：我一直储蓄着我的这个想法，期望能得到利息。如果周五有空，你能把自己存在电影院里我旁边的那个座位上吗？当然，我已经把你可能已另有约会的猜测都记在账本上了。如果真是这样，我将取出我的要求，把它安排在星期六。不论贴现率如何，做你的陪伴始终是十分愉快的。我想你不会认为这要求太过分吧，以后来同你核对。真诚的周明。"

看了这段很有趣的约会表白，尚在单身的李娜这才明白，那个叫周明的小伙子之所以每天都来银行办理业务，敢情都是为了她！李娜无法抵制这方式诱人、新颖的求爱，最后在星期五如约和周明约会了。*

的确，美好的爱情往往是可遇而不可求的，我们要像故事中的小周一样，善于运用幽默抓住身边的每一个机会。海盟山誓的话谁都说得出来，但却不见得每个人都能掌握幽默的技巧。所以在与心仪的另一方初见的一瞬间，我们就要用别有一番特色的幽默语言来抓住对方的心，表达出我们内心深沉的爱恋，这往往要比那些挖空心思想出来的甜言蜜语管用得多。

民国时期，著名将领冯玉祥在选妻的时候，风格极为独特。他先问前来参选的姑娘们："你们为什么要同我结婚？"

---

*摘编自田伟编著《幽默改变人生全集》，哈尔滨：北方文艺出版社．2006年

面对这个问题，有的姑娘回答："因为你官大，和你结婚就是官太太。"有的则说："你是个英雄，我爱慕英雄。"

面对如此回答，冯将军都不中意，一个劲儿地摇头叹息。

就在此时，李德全小姐也来应征，虽然在长相上她并不占优势，但是她却出口不凡："我之所以想和你结婚，是因为上帝怕你办坏事，所以派我来监督你！"

这话机智幽默，且有女性之中的豪爽之气。冯玉祥笑了，毫不犹豫地认定了她作为自己的妻子。*

面对那么多的应征者以及这种严肃庄重的场合，机智的李德全小姐不但没有丝毫怯场，而且还能保持一颗平常心，利用可捕捉到的线索夸张地幽默一下，可见她拥有何等超常的勇气！

所以说，要想利用幽默来打开对方的心扉，你首先必须得有足够的勇气，面对比你优秀的人，你绝不能被对方的傲气吓得手足无措，而是要尽可能地利用一切可见的情景，开个玩笑。俗话说："笑了，事情就好办了。"如果你的幽默能够让对方展现出灿烂的笑容，那么下一步就好办多了。

当然，幽默地表白爱情也要注意分寸，千万别把幽默单纯地当成一种达到目的的手段，那样就极有可能因为言语不得体而使对方产生误解，甚至厌恶、反感。

---

*摘编自金和著《幽默金口才》，北京：中国纺织出版社，2006年

幽默拒爱，让对方在笑声中感受到你的魅力

【幽默你世界】

如何才能做到幽默地拒绝别人的示爱？你不妨学习一下下面两种做法：

借物喻人，委婉回绝。比如当你发现有人对你"穷追不舍"时，不妨买个泡泡糖送给他，然后寒暄几句匆忙告辞。这其实就是告诉对方：泡泡糖最易破裂，所以你一厢情愿的爱，是达不到目的的。

巧借对方话题，找出最佳拒绝"点"。比如有位男士想约你出去吃饭，向你表白爱意，你不妨顺着他的话题说："正巧，我也有件很重要的事要求你帮忙，我男朋友最近脸上长了青春痘，你知道用哪一款洗面奶最好？"这样一来，既可以达到拒绝的目的，同时又不至于伤害对方的自尊。

在通往爱情玫瑰园的过程中，人人都有爱的权利，自然也有不爱的权利。当有人向你表白爱慕之情，而你心里并不喜欢对方时，拒绝在所难免。但是，拒绝对方的言辞是需要委婉恰当的。倘若你的言辞过激，不仅会伤人自尊，还可能使对方因爱生恨；而如果你的言辞过于隐晦，则又容易让对方心存幻想，继续对你作无谓的纠缠。因此，恰当地把握拒绝的分寸，运用幽默的语言来暗示对方，是十分重要的。

当然，能够得到别人的爱是你的一种魅力，而能够巧妙地拒绝别人

的爱,也是你的一种魅力。你的拒绝如果能够加上你用心的一点幽默,往往就会让人在笑声中感受到你体贴入微的温暖,从而避免彼此之间的敌意。所以,作为被追求者,即便你心里对对方一万个不喜欢,也没有权利去辱骂求爱者,甚至侮辱求爱者的人格。

邢斌是某公司的主管,英俊潇洒,多才多艺,深深打动着未婚女同事们的心。一次,公司里有个叫赵芳的女孩大胆向他表白了爱慕之情,并写了一封火辣辣的情书。但是邢斌对赵芳却极不感冒,甚至有些反感。所以对于赵芳的表白,邢斌生硬地拒绝了,并且在办公室当着那么多同事的面把赵芳写给他的情书公之于众。

看到自己心仪的人竟然如此羞辱自己,赵芳伤心欲绝,当天下班回家后就赌气吞下了大量的安眠药,幸亏被人发现得早,这才免于一死。次日,当邢斌得知这个消息后,懊悔不已,深为自己的行为自责。而公司领导知道此事后,马上就把邢斌叫到了办公室,严厉地批评他说:"你怎么可以这样对赵芳呢?就算你不喜欢她,也不能如此当众讽刺人家啊,真是没道德!"*

假如邢斌当时能够运用幽默私下里委婉拒绝赵芳的话,事情也就不会走到这一步。由此可见,在社交场合中,不管自己如何讨厌对方,一旦对方向你求爱,你都要学会很有礼貌地先说声"谢谢",然后再想法委婉地拒绝,这才是为人处世的正确之道。

刘刚是某饭店的厨师,二十出头,还没有谈恋爱。有一次,饭店新招聘来几位女服务员,其中一个叫谢云的女孩深深吸引了刘刚,让他一见倾心。于是,刘刚决定开始对谢云发起"攻击",争取把她追到手。但是怎么示爱呢?想来想去,一向喜欢文学的刘刚就决定写一封情书先试探一下对方的心思。在信中,刘刚这样写道:"亲爱的,无论是择菜时,还是炒菜时,我都会想到你,你就像盐一样不可缺少。我看见鸡蛋就想

---

*摘编自廖康强著《婚恋中男人不能犯的100个错误》,北京:朝华出版社,2009年

起你的眼睛，看见西红柿就想起你柔软的脸颊，看见大葱就想起你的纤纤玉指，看见香菜就想起你苗条的身材……嫁给我吧，我会把你当作熊掌一样去珍视。"

收到这封很幽默的示爱信后，聪明的谢云很快就给刘刚回了一封信："我也想过你那像鹅掌的眉毛，像西红柿的眼睛，像大蒜头一样的鼻子，像土豆似的嘴巴，还想起过你那像冬瓜般的身材。不过顺便说一下，我不打算要个像熊掌的老公，因为，我和你就像水和油一样不能彼此融合，你能明白我的意思吗？"

看罢这封满含风趣的回信，刘刚被逗乐了，但是在哈哈大笑之余，他也明白，自己这辈子是不可能与谢云走到一块了，因为对方在信中已经暗示得很明白。*

谢云给刘刚写的这封拒绝求爱的信是多么的幽默搞笑，既不动声色地达到了自己拒绝的目的，同时又没有伤及刘刚的自尊。

古罗马帝国时期，有个叫希帕蒂亚的女数学家长得非常漂亮，所以从少女时期，很多英俊少年、贵族子弟就开始频频追求她，求爱信整天堆满她的案头。但是希帕蒂亚一向对爱情抱着慎重和严肃的态度，她没有答应其中任何一个追求者，而是巧妙地拒绝道："对不起，诸位，我已经献身真理了。"

聪明的希帕蒂亚幽默地用"已经献身真理"这个借口拒绝了众多她不太满意的追求者，既保全了他人的面子，又维护了自己的利益，实在是美妙得体、委婉含蓄。

一位钢琴师向同乐团的一位姑娘求爱，情书上写道："你的皮肤像白色琴键那么白净，你的头发像黑键那样黑亮，你在我眼里，是世界上一架最美的钢琴。"

那位姑娘回复道："可是我是拉小提琴的，而从你的身材来看，很

*摘编自梅子著《女人的社交与处世智慧》，哈尔滨：黑龙江科学技术出版社．2012年

像大贝司（低音提琴，样式笨大），所以我担心我们琴瑟不谐呀！"

这位姑娘针对钢琴师充满职业特性的求爱信，巧妙采用同样充满职业性的方式予以拒绝。由琴瑟和谐到琴瑟不谐，拒绝的语言透出高雅的气质。所以在现实生活中，一旦你遇到求爱者抱着谈情说爱想法的约会，如果你不喜欢对方，为了防患于未然，最好尽早对他婉言谢绝，让对方明白你的心思，友好放弃对你的追求。

当然，在爱情的角力之中，被拒绝的一方难免会有受伤的感觉。这个时候，如果你能够大方地安慰一下，则是最好不过了。

一位漂亮的小姐在拒绝一名男子的求爱后，安慰他说："不过，亲爱的，你不必太过于悲伤，我会永远欣赏你的好眼光。"

这位小姐如此以一种赞许的姿态来看待别人的爱慕，不仅做法十分得体，而且也体现出了一种良好的教养。

总之，不管怎样，恋爱场上，幽默地拒绝别人是一种与人友好相处的艺术，这样既不会令人尴尬，又可以很好地表达自己的意思。这就是幽默的力量。

紧要关头，巧用幽默能化解恋爱矛盾

【幽默你世界】

运用幽默来化解恋爱中的矛盾，我们一定要把握好以下两点：

第一，要把握好感情的深浅。如果你和对方还处于相互试探、感情脆弱的阶段，幽默斗嘴要以不涉及双方感情以及个人色彩的一般话题为妙，这样安全系数最大。相反，如果你们已是情深意笃，斗嘴时就可以爆笑怒骂，百无禁忌。

比如，你和恋人吵架了，对方气得拂袖而去。这个时候你不妨抓住他的衣袖，把他带到附近餐厅里，然后温柔地对他说："亲爱的，要走，吃了东西，你才有力气走；要吵，吃了东西，你才好跟我吵架啊。"如此风趣的言辞，必然会逗得心上人开口一笑。

第二，要留心对方的心境。幽默的斗嘴通常在心情愉快的情况下能产生良好的效应，所以当你的恋人正在为结婚缺钱而愁眉不展时，你千万不要来句："你怎么啦？满脸苦相，整个一旧社会，好像谁欠你二百吊钱似的！"这样幽默的味道就会变得苦涩了。

俗话说"相爱容易相处难"，恋人之间也免不了磕磕碰碰。当恋人间闹矛盾时，如果能够适当地加入幽默这种润滑剂，不仅能够避免双方的摩擦，还能增进双方的感情。

一次，杜明带女友参加一个派对。正当大家玩得不亦乐乎的时候，有个朋友问杜明:"听说你女朋友脾气挺暴躁的,人称'河东狮吼'?"一听此话,爱面子的杜明不甘示弱,借机吹嘘道:"没有的事!我女朋友对我温顺极了,见了我就像见了老虎一样!"岂料,这话一不留神被旁边的女友给听到了,她马上怒火中烧,站起身对杜明呵斥道:"混账!到底谁是老虎?"

看见心爱的女友发了飙,杜明很紧张,但是瞬间他就笑着风趣地说:"不错,我说我是老虎,但是你是武松呀!"一听这话,女友的气马上就消了,笑呵呵地坐了下来。

杜明就是巧妙运用了"武松打虎"的典故,化解了与女友之间的这场冲突。所以面对"野蛮女友",诸位不妨学学杜明这一招,明知道自己做错了,也要以幽默的方式来和你的恋人一起笑,笑自己的错误。

丁峰和小兰已经谈了几个月的恋爱,感情如胶似漆,已经到了无话不说的地步。

一个周末,丁峰约小兰去看电影。可是当天晚上,丁峰在电影院门口左等右等了半个多小时,小兰才匆匆赶到。看着迟到的心上人,丁峰心里又气又爱。而小兰呢,却若无其事地对丁峰解释说:"对不起啊,我来晚了,不过这次是有原因的,我的手表停了。"

丁峰笑笑说:"看来你需要换一块手表了,要不,下次约会我就得换人了。"

听了这句幽默的话,小兰笑着嗔怒地在丁峰胸上擂了一拳,两人高高兴兴地朝电影院走去。*

一个是约会迟到了半个小时,一个是原地等待等得心急火燎,要是换了其他人,说不定就会急赤白脸地大吵一架。但是聪明的丁峰却没有这样做,而是以一句玩笑话巧妙地指出了女友的错误,轻轻松松就化解了一场冲突。由此可见,使用这种幽默之术来化解矛盾效果很不错。但

---

*摘编自金和著《幽默金口才》,北京:中国纺织出版社,2006年

是我们要注意，如果你和对方的关系还比较生疏，最好不要开这样的玩笑，弄不好的话，女友不但不会"换手表"，还有可能把你这个男朋友给换了。

同样是约会迟到，下面这位姑娘的做法也很风趣。

一对恋人有一次到晚上十二点以后才恋恋不舍地分别。分别时，双方约定明天晚上老地方见。可是第二天小伙子如约来到老地方，到了约会的时间，姑娘却没有来，焦急地等了几个小时，无奈，小伙子只好闷闷不乐地回去了。

第三天晚上，姑娘主动找到了小伙子。这时，小伙子还在为昨晚的事憋着一肚子火，于是就生气地问道："明明说好昨天来的，你怎么今晚才来？"

姑娘不愠不火，笑着回答说："亲爱的，我不算失约啊，因为那天晚上咱们分手时不是零点以后了吗？"*

这位姑娘巧妙模糊时间概念，以"前天晚上零点以后的约定"，很顺理成章地为自己的爽约找了借口，同时又博得了男友的哈哈一笑。

徐建因为犯错惹得女友生气了，女友一连好几天都不理他。无奈之下，徐建只好买来一袋女友最爱吃的红苹果和一罐红豆放到女友家门口，并留下字条，上面写道——

红豆生南国，春来发几枝。

愿君多采撷，此物最相思。

送你一苹果，愿解心头锁。

唯有一事求，请你原谅我。

红豆寄相思，苹果表歉意。

面对徐建这么有才情的诗句，女友心中的不快马上就化作嘴边的莞尔一笑，很快就原谅了他，与他重归于好。

*摘编自田伟编著《幽默改变人生全集》，哈尔滨：北方文艺出版社，2006年

一位远在边区当兵的小伙子想给家乡的女友写封信,可是由于粗心大意,笔下爱出错别字,他给心上人的情书,开头一句将"亲爱的姑娘"写成了"亲爱的姑妈"。

姑娘收到信后,觉得很可笑,为了促使男友改掉这个马虎的缺点,她故意把信给退了回去,而且还风趣地附了一首打油诗:"怪你眼睛瞎,姑娘喊姑妈,若还嫁给你,羞死我一家。"

小伙子看到这首打油诗后,自觉丢了丑,同时心里也很害怕姑娘会因此和自己分手,于是他回信为自己辩解道:"妈也就是娘,娘也就是妈,娘妈本相同,姑娘是姑妈。"

看到这几句顺口溜,姑娘开心地笑了,她彻底原谅了小伙子,两人的感情由此也急剧升温。*

总之,恋爱就像共跳一支双人舞,再高超的舞者也难免有踩脚的时候,所以犯错误是恋爱中无法避免的事。当恋人间的一方做错了事或误了事的时候,难免要做个解释,此时用简短的幽默往往可以代替自己的一大段解释,同时也可以避免对方一大串的埋怨。所以从这一点来说,学会运用幽默来巧妙化解恋人之间的矛盾冲突,就成了我们必学的一门艺术。

---

*摘编自田伟编著《幽默改变人生全集》,哈尔滨:北方文艺出版社.2006年

经常拨动幽默这根弦，让你的恋曲更和谐

【幽默你世界】

处于热恋中的情人，千万不要忘了恰当地利用幽默来给爱情加温。这个时候来点幽默，为你的爱情加点蜜，更能创造出轻松愉快、富于情趣的爱情生活。

假如你和你的男友一块去参观新潮美术展览，当走到一幅仅以几片树叶遮掩着私处的裸女神像油画前时，男友很长时间没有挪动步子。见此状，你肯定醋意大发，但又不想当众大发雷霆。这个时候，你就可以挽起男友的胳膊轻声对他说："亲爱的，你在这站了这么久，是想等待秋天的树叶落下来吗？"

幽默，是使人心情愉悦的欢乐空气，是调节人际摩擦的润滑剂，是把欢乐充满人们生活空间的高效酵母。幽默感可以洋溢于日常生活中的每一个空间，而在恋爱这个领域，幽默大师们更是留下了数不胜数的五彩斑斓的幽默题材。所以对于恋爱中的男女来说，只要你经常拨动神经中的幽默这根弦，即可与你的恋人奏出一曲和谐的恋曲。

小吴有一次患病做手术，他刚从手术麻醉中醒来，便看见女友坐在他身边，无比体贴地轻声安慰自己，于是觉得很温暖，情不自禁地对女友说："宝贝儿，你真美丽！"然后就又睡着了。而小吴的女友呢，一听男友如此夸自己，便心花怒放，继续熬夜待在他身边。

几个小时后,小吴的眼睛又睁开了,看到女友还待在自己身边,就脱口而出:"你真可爱!"

听到这次男友说自己"可爱"而不是"美丽",女友有些失望,她问:"你怎么不说'美丽'了?"

小吴笑了笑,风趣地答道:"药力过去了。"

尽管身染重病,但是乐观的小吴还是没有忘记跟心爱的女友开个玩笑,在病房里的一片善意的笑声中,也不知不觉大大加深了与女友之间的感情。

周军和陈岚的恋情进入了热恋阶段,一日,他们在公园里如醉如痴地亲热后,陈岚一本正经地问:"我问你,别瞒着我,你在和我亲热之前,有谁摸过你的头,揉过你的发,捏过你的颊?"

面对这个有些令人啼笑皆非的问题,周军不禁哑然失笑,但是他还是佯装认真的样子说:"啊,你还别说,这太多了,昨天,就有一个……"

陈岚愕然,忙追问道:"谁?"

周军不慌不忙地答道:"理发师啊,你不是知道我昨天去理发了嘛。"

一听此话,陈岚哈哈大笑,用手捶着周军的肩膀,嗔怒道:"你真坏!"

事实上,恋人之间戏谑式的亲昵是常有的事,这种玩笑多是一种无伤大雅的噱头,只要你把握好分寸,往往就能从中充分展现出你的智慧和情趣,从而达到沟通心灵的目的,大大加深双方之间的感情。

有一个女孩在公园里等待她的心上人,可是左等右等,就是不见男友的影子。就在女孩低头伤心之际,忽然她的眼睛被一双手给蒙住了。接着,她听到了男友的声音:"猜猜我是谁?你有三次机会,如果三次你都猜不出来的话,你就得接受我的吻。"

女孩做思考状,试探地问:"你是——刘德华?王力宏?还是古天乐呢?不对不对,你一定是佟大为对不对?"

话音未落,她就迎上了男友的拥抱和热吻,两人的感情急剧升温,彼此都沉浸在了甜蜜中。

在恋人之间，一句表情严肃的"我爱你"固然不可少，但是运用幽默的方式表达出来或许更好。因为喜欢幽默似乎是每个人的天性，如果你的爱能够时不时地用幽默的方式传达给对方，对方往往不仅能感受到你的风趣，还能深刻地感受到你的一片真情实意。

有个小伙子为了表达对女友的爱意，抄了一首很有名的诗赠送给女友："生命诚可贵，自由价更高；若为爱情故，两者皆可抛。"

女友说："你把这首诗抄错了。"

小伙子坦然一笑："没错，要的就是这个意思。"

女友不解地问："什么意思？"

小伙子指着这首诗，微笑着对女友解释道："你若不爱我，我就不要命了——自杀；你若是爱我，我就不要自由了——随你管制。"

这番"曲解"很幽默，表达的爱情也够强烈，女友听了，顿时心花怒放。

的确，沐浴在爱河中的人的字典里，没有老套的字眼，更不会惧怕幽默的洗礼。所以把幽默加在爱情故事中，是一种剧情需要，这种剧情让爱情变得更加缤纷绚烂，多姿多彩。

小楠和小倩是一对热恋中的大学生，他们俩在同一座城市的两个学校读书。有一次期末考试，两人都在紧张地准备。这天，小倩给男友小楠打电话说："我的《大学英语考试指南》急用，你送过来好吗？"

狡猾的小楠装作病怏怏的口气说："我也想给你送过去，可是我生病了，还病得不轻啊。"

小倩一听就紧张起来，忙问："你怎么了？要不要紧？"

"唉！我得了一种很严重的病，叫相思病。"

听了这句话，小倩的眼泪刚才还在眼眶里打转，这时不禁乐得扑哧一声笑了出来，同时心里很受感动。从此，两人的感情更好了。

聪明的小楠借助相思病的诙谐式撒娇，让女友深深体会到了他的深情。由此可见，幽默不仅可以成为恋人之间的情趣，也可以是一种甜蜜的感动。

莎士比亚曾经这样说过："你有舌头吗？如果你不能用舌头来博取女人的欢心，那么你就不配称为男人！"从这句话中我们不难体会到，如何恰当地向情侣表达爱，很有可能决定你一生的爱情归宿，这是一件十分严肃而又颇为困难的事，因此你有必要费一番心思和口舌把这件事做得漂亮成功。

面对分手,一句小幽默往往能够扭转局面

【幽默你世界】

究竟怎样才能拿起幽默的武器来扭转局面,让本打算与你分手的恋人回心转意?这其中的关键就是转移话题,迅速打消对方分手的念头。

你和女友吵架了,女友赌气说道:"我要跟你分手!就算将来嫁给魔鬼也比嫁给你好!"这个时候,你不妨笑着风趣地说:"不行啊,近亲是不能结婚的。"如此幽默和别出心裁的回答往往能够博得对方一笑,迅速缓和气氛。

处在豆蔻之年,谁不希望拥有一段完美的爱情?可是,我们现在所处的这个时代,却到处充斥着"快餐式"的爱情,本来相处得好好的两个人,因为一点小矛盾小别扭,就闹得不欢而散,把"分手"轻易地说出了口。面对这种情形,如果不愿分手的是你,你该怎么办?是生气地扭头便走,还是满怀怒气与对方大吵一架?其实,这些都不是最好的解决办法。如果你真的想挽留心中的另一半,不妨用幽默的心态来面对对方的分手之词,适当地开个玩笑,或许能够扭转局面,把一份不忍割舍的感情重新挽救回来。

崔斌和李雯是某大学的一对恋人,有一次,因为双方闹矛盾,一直僵持不下,李雯一气之下就打算和男友提出分手。这天下午,李雯把崔斌约在学校食堂用餐,准备以"最后的晚餐"来结束彼此之间的感情。

因为两人之前一直处在冷战中，所以饭吃了一半，谁也没先开口说话。而崔斌呢，事先也根本没料到女友这次是借吃饭之机来跟自己分手。

最后，还是李雯主动开口打破了沉默，她郑重其事地对男友说："我们分手吧，我想换一个。"

崔斌一怔，随即脱口而出："不可以！"

李雯有些生气："为什么？"

崔斌想了一想，然后指着桌上的餐盘一本正经地对女友说："肯定不行的，就像这食堂的包子，你咬了一口，人家会给你换吗？"

听了崔斌这个风趣的比喻，李雯心里有些好笑，但她还是忍住笑，严肃地说："可是你没我想象的那么好，不换的话我怎么办？"

崔斌继续说道："就像这食堂的包子，你本来想吃肉包，但一不小心拿错了，咬了一口是菜包，想换别人又不给你换，怎么办？扔了？岂不是太可惜？所以还是凑合着吃吧。"

听罢这番幽默无比的话，李雯再也忍不住哈哈大笑起来。而崔斌呢，看到女友的情绪好了很多，马上趁热打铁，给她赔罪道歉，把之前两人生气的罪过都揽到自己身上。

就这样，一顿饭还没吃完，崔斌和李雯就重归于好，并且感情更亲近了。

崔斌的这番言辞风趣灵活，富有生活气息，令人感受到了幽默的魅力，最终逗笑了女友，使原本很严肃的分手问题得到了适当的歪解和缓和，同时也为自己挽救了一段美满的爱情。由此可见，恋爱时期，当对方由于某种并非重大的原因而向你提出分手时，那多半是在试探你的反应。对此，你不妨瞅准时机，巧用幽默来化解尴尬，挽回感情。

著名笑星葛优，年轻时是有名的"葛老实"，不善言辞，不懂得如何在恋爱中讨女孩的欢心，所以眼看快三十而立了，还在打着光棍。对此，葛优的父母和同事们都替他着急。当时葛优所在的单位有位同事大姐，刚好她女儿读书的学校有位美术老师叫贺聪，不但长得漂亮，而且出生于知识分子家庭，优雅文静，同事大姐就决定给他们俩作介绍。结果，两人接触后不久，彼此都非常满意。可是后来贺聪的父母却持反对意见，嫌弃葛优在文工团是个跑龙套的，因此就苦劝女儿与其分手。无奈之下，贺聪只好把葛优给约了出来，说出了分手之意。

一听心爱的女友要离自己而去，葛优很是生气，他严厉地问贺聪："为什么要分手？是不是因为你父母反对？"贺聪委屈地点点头。

葛优又问："那你说实话，你到底爱不爱我？"

贺聪毫不犹豫地又点点头。

葛优提高嗓门说："你这傻不傻啊？"

贺聪看着周围投来的目光，小心地说："你小声点，干吗跟吵架似的？"

可是葛优不但没小声，反而更加大声地说："我不管！你难道要像封建社会那样，婚姻由父母做主吗？对，尊重父母的意见没错，但你也要有自己的主见啊。是你了解我，还是你父母了解我？如果你觉得我是跑龙套的没出息要离开我，那行，可是如果你是因为我是演员离开我，那可不行。"

葛优不顾周围人的眼光，一口气说了很多有趣的话，让贺聪很受感动。看到女友情绪有了好转，葛优忙问："那你同意啦？"贺聪点点头。葛优高兴得一把将贺聪搂过来，紧紧抱着不放手。

结果，有情人终成眷属，葛优与贺聪最终走入了婚姻的殿堂。*

葛优不顾一切的爱情表白，其实就是对彼此恋情的最好肯定，同时他言辞的适当张扬，不失为一种有效的幽默手段，对挽救自己的恋情起到了重要作用。

当然，在对待分手这件事上，不少女孩都能挖空心思想出一些看似

---

*原文题名《葛优："吵"来漂亮媳妇》

很"合情合理"的理由，比如"我最近工作很忙，我们的事还是先放一放再说"、"我们距离太远，不合适"等等。而作为男孩，当你遇到类似的分手理由时，千万不要一味地沉默悲伤，而是要巧借女友的话题，引出幽默，这往往可以博得对方一笑，并且也极有可能使她回心转意。

小王因为前段时间和女友吵架，女友一直"怀恨在心"，所以准备和他谈谈分手的事。

这天，女友把小王约了出来，认真地对他说："这段时间我们公司的业务增加了不少，我整天忙得焦头烂额，所以……所以我觉得我们俩还是先分开一段时间再说。"

见女友提出要分手，小王自然一百个不乐意，他笑着对女友说："工作忙很正常，不要说你忙，奥巴马不比你忙啊，但是人家孩子都好几个了……这样吧，以后我每天下班后去接你，每天给你做饭、洗衣服……这总行了吧。"

话音刚落，女友就被逗得扑哧一声笑了起来，她知道小王此时已经认识到了自己之前的错误，于是很快就原谅了他，两人最终又和和美美地走到了一起。

有一个女孩，因为和男友相隔两地，觉得不太合适，所以就打电话对男友说："我觉得我们隔得太远了，恐怕我以后再也照顾不到你了……"

没等女孩说完，聪明的男孩马上就听出了她话里有话，赶紧说："亲爱的，别这么说，我一不是病人，二不是小孩，这么大个人了怎么就不能照顾自己？你想想，咱俩没谈恋爱之前，我不也没请过保姆吗？所以我只要你一颗坚定的心，不需要你为我做多少事，你懂吗？"

男孩的这番包含深情和有趣的话语马上让电话那头的女孩心里暖和和的，她彻底被男孩的这片真心实意给感动了，于是从此再也没有主动提过分手的事。

这两则故事都充分说明，恋爱期间，并非一切都能够像我们事先所预料的那样一帆风顺，尤其是当彼此之间的关系发展到了无话不说的程度时，很多矛盾也会被引发出来。当其中的某一方因为赌气或者某种原因很无奈地说出"分手"时，如果你的心还在他（她）身上，请千万不要鲁莽地转身而去，而是要学会运用幽默来哄哄对方，这样做往往不至于让你与一段唯美的爱情擦肩而过。

当然，如果是因为你对另一半犯下了不可饶恕的错误而导致对方执意要分手，运用这种幽默法则来挽救恐怕也不会奏效。对此，你不妨坦然面对失恋，从而显示出自己的大度，以此也给对方留下永久的美好的回忆。

向心上人道歉，运用幽默更有效

【幽默你世界】

恋人之间的道歉是门学问，对此，我们在具体运用幽默的时候不妨遵循以下两大法则：

1.欲擒故纵。当你们之间发生大的冲突时，最好不要马上道歉，因为即便如此，对方的怒气一时也很难消下去。对此，你不如等几天，等对方的怒气消得差不多了再幽默地道歉，这样才能博得对方一笑。

2.暗渡陈仓。即运用暗示的方法来道歉，注意道歉形式的多样，不要单调。比如，你和心上人闹矛盾，对方一直不愿搭理你，你不妨给她发个幽默短信：亲爱的，看见你发脾气时撅起的小嘴，我曾试着撞豆腐块死，用鼻涕吊死，可都没有成功。现在就等着你来处理我。

我们中国有句俗话叫"不吵不闹不成夫妻"。对于尚未步入婚姻殿堂的恋人们来说，在一起拍拖久了自然难免有争吵的时候，对此，你该怎么做？有些朋友说：这还不好办？直接说句"对不起"不就得了？可是给心上人道歉，往往不像给普通朋友或同事道歉那么简单，尤其是当你给女友道歉的时候，如果只是一味地反复说"对不起"、"我错了"、"原谅我吧"等等，对方往往会很不满意，甚至弄不好还会火上浇油，从而使彼此之间的矛盾进一步恶化。

其实，女性大都是喜欢被人哄的。在日常生活中，我们也不难发现，情侣之间的争吵，有时候即便问题很小，可是一到了女性那里就会被无端地放大，在她眼里似乎是个大麻烦。而实际上，大部分女孩子之所以对男友做出这种举动，理由很简单：只想单纯地被男友疼爱和在乎，让对方多哄哄自己。所以从这一点来说，对于男生来讲，你要通晓女生的这种微妙心理，即便自己有理，也要学会笑脸道歉，把过错全部揽到自己身上。假如在此过程中，你能够用幽默的语言来渲染道歉，效果往往就会更好。

小高是某公司文秘，有一次他惹女友芳芳生气了，对方一连几天都不搭理他。为此，小高很是苦恼，经过一番思虑后，他决定用自己还不错的文笔来给心爱的女友写封道歉信——

亲爱的芳芳：

您还在生我的气吗？遵照您的旨意，今天晚上我在书房里反省了一个小时四十二分零六秒，喝了一杯白开水，去了一趟卫生间，没有抽烟，以上事实准确无误，请审查。

下面是我的检讨报告，不当之处可以协商。

经过半年多的恋爱生活，我认为芳芳同志温柔贤良、勤奋聪颖，是不可多得的好女友，而身为男友的我却举止乖张，态度轻狂，所作所为确有值得商榷之处。

以下是我对自己恶劣行径的剖析，请领导批阅：

首先，前天的事情是我不对。因为你说你喜欢陆毅的时候，我不该信口雌黄说我喜欢梁咏琪，害得你两天不能理我，极其痛苦。其实仔细想想，我的回答确实很不妥，因为你的花心还局限于内地，可我却冲到了港台，所以我还是喜欢周迅好了。

其次，上周六好友的婚礼，我说我开会，不知道能不能去，你就准备了两个红包，一个二百的，一个四百的，结果我没去，你不小心送出去了厚的。亲爱的，我不该笑话你，你已经做得够好了，换作我，可能将那两个红包都一块儿送出去了。

再其次，那次你剪短了头发，问我好不好看，我说好看，你很高兴；进一步求证，我说还行；最后你追问到底好不好，我回答，不如以前好，这使你非常难过。这是我的错，对此我将铭记在心，以后再有此类的回答，均以第一次为准。

最后，上次我邀你去我家小坐，当你指责我把袜子到处乱放的时候，我不该反诬你到处放书，毕竟，袜子是臭的，书是香的。

我知道，你一直是个善解人意的女孩，希望你能原谅我，给我改过自新的机会。当然，为了以后我们俩的爱情更加安定，相处更加和谐，顺便提几个小小的建议——

第一，以后不要再指着电视里的帅哥说他像你从前的男友，实际上，你第一次近距离接近男士是在大二的舞会上，慌慌张张地狂踩别人的脚，很不幸，那个人就是我。

第二，以后在逛商店的时候，不要总是突发奇想，比如要买一个粉碎机回去做蒜泥，你不觉得我这个机器比较经济吗？

第三，不要给我再出一些刁钻古怪的问题，还硬说那是脑筋急转弯，结果弄得我逻辑混乱。

……

以上种种，请芳芳大人明鉴。

最后，真诚地再说一句，亲爱的，原谅我好吗？

收到小高的这封富含风趣的道歉信后，芳芳边读边乐得哈哈大笑，几乎都要笑疼了肚子。结果，第二天，当小高再次找到芳芳时，芳芳就主动原谅了他，并且拿着这封道歉信在他脸上留下了深情的一吻。*

大家看，小高的这封道歉信写得是多么的幽默有趣！在心爱的女友面前，他懂得主动放低身段，并运用调侃的口吻列举出了自己的种种"罪过"，最后还真诚地提出建议。如此费尽心机之举，难怪女友在大笑

*原文题名《写给老婆大人的信》

之余深刻体会到了他对自己的一片浓厚爱意。由此我们也不难悟出：在恋爱的甜蜜中，遇上点小矛盾小冲突，没有谁对谁错，只有谁能否恰当地认输。所以这个时候，如果你不懂得以幽默之术来向另一半道歉，往往会让僵持持续存在，甚至危及恋情。

当然，运用幽默来道歉也是需要注意技巧的，并不是所有的幽默都屡试不爽。你看下面这位男士，他的道歉就太不合适了——

一对热恋中的男女，相约第二天一同去吊祭一位长辈，谁知当天两人闹情绪，结果在出殡那天，只有这个男的去了殡仪馆，而女的赌气没去。对此，这位男士越想越不对劲，于是就给女友写了封幽默式的道歉信，希望对方能原谅自己。岂料，女友看了这封信后，火气更大了。原来，这位男士一不小心在道歉信中这样写道——

亲爱的，昨天去殡仪馆原本是想看你，没想到看不到你，所以心里非常难过……

这位男士由于没有分清场合来给女友道歉，结果就使自己原本的一番好心好意被女友给误解，从而激化了双方的矛盾。所以说，幽默道歉是一门艺术，不能直来直去，要把时间、地点、火候等因素都掌握好，这样才能事半功倍；否则，不分场合和环境的所谓幽默道歉，不但起不到化解矛盾的作用，反而会适得其反。

PART 10
婚姻常青的幽默式

让生活不再苦闷,让交际再无障碍,让职场愈发得意,让情场充满欢愉!

嫁人就嫁"灰太狼",因为他幽默

【幽默你世界】

面对日常生活中"颐指气使"的老婆,我们不妨从《喜羊羊与灰太狼》中多学学灰太狼的做法,运用幽默来化解冲突,这样才能调节家庭气氛,给伴侣和其他家人带来更多的欢声笑语,增进彼此之间的感情。

假如你的伴侣经常对你埋怨说:"你看人家老赵,多有志气!因为当年失恋,就发愤图强,现在混得多风光呀!"你不妨回答说:"尊敬的夫人,当年如果你讨厌我,我也会像老赵一样出人头地的!"

你的妻子总喜欢半夜从被窝里爬出来看韩剧,对此,你劝她:"明天看重播不是一样吗?干吗加班熬夜地看?"妻子可能会说:"新婚和二婚能一样吗?"这样的话很难让人反驳,先别急,等半夜的时候,你不妨对妻子大声嚷嚷:"快起来!看你的新郎官!"

国产动画片《喜羊羊与灰太狼》自从在全国热播后,几乎家喻户晓,而社会上也开始流行"嫁人就嫁灰太狼"的说法。在不少女性心目中,灰太狼是个典型的"妻管严",是个十足的好男人,所以这些女性喜欢"灰太狼"的理由竟然都是"灰太狼"爱老婆疼老婆对老婆百依百顺,还很幽默。由此可见,怕老婆并非一件坏事,一方面它使女性地位得到了肯定;另一方面,适度地、有节制地"惧内",则更显出做丈夫的一片爱意。作为老公,像灰太狼一样幽默地怕老婆,不仅不会有损自己的形象，反而能显示出作为一个男人的包容和智慧，以此来调剂婚姻，肯定别有一番风味。

明代抗倭将领戚继光就很怕老婆，这一点在他的部下中是出了名的。有一天，他的部下跟他开玩笑说："大将军，在沙场杀敌之时，您可是威风凛凛，震破敌胆，怎么会被一个妇人吓倒呢？所以今日我们决定为您助威，您手执宝剑去吓唬吓唬夫人，这样以后您在家里的日子肯定会好过些……"

听部下公然说自己怕老婆，戚继光脸上顿时有些挂不住，觉得不能在这么多兄弟面前丢人，于是欣然同意，便持剑直奔自己家后院而去。经过第一道门时，他喊声如雷；进第二道门时，声音已经减小。最后，当戚继光冲进夫人的房间时，声音已经细得像蚊子哼哼一样。而戚夫人呢，看见丈夫据着把宝剑冲进来，不由得生气，吼道："喊什么喊！吵得很！"戚将军立即赔着笑脸回答道："夫人息怒，我之所以高喊，是打算给你杀只鸡吃！"

听完这句话，夫人脸上露出了笑容，对他说："以后杀鸡不准大声嚷嚷！"*

戚继光胆识过人，文韬武略罕逢对手，但是他夫人的一句怒吼却能让他如此战战兢兢，由此可见，戚继光果真是个怕老婆的男人。但是品味历史，我们千万不要把戚继光的"惧内"简单地归结为胆小。事实上，这正体现了一个丈夫对妻子的一种深沉的爱，一种对家庭的浓浓的依恋之情。

还有一个古代笑话，同样也说明了这一点——

有个县令，怕老婆出了名，在家经常遭到老婆的痛骂，有时还免不了挨几下打。

一天，县官的脸被老婆给抓破了。当他到衙门报到时，正好被他的

---

*摘编自当年明月著《明朝那些事儿》，杭州：浙江人民出版社．2011年

顶头上司赵大人给看见了，赵大人便问道："你的脸被谁给抓破了？"

县令不好意思说实话，只好对赵大人说："不是谁抓的，晚上乘凉的时候，不巧葡萄架倒了，正好砸在我头上，葡萄藤把脸给刮破了。"

赵大人知道县令一向害怕老婆，所以心知肚明，大笑着说："你别瞒我了，一定是被你家那个母老虎给抓破的，对不对？有这样的老婆太可恶了，不如我下令把她给抓来问罪！"

一听这话，县令慌了。因为别看平日里两口子动口动手，其实他与老婆的感情很好，现在一听上司说要抓自己的老婆，他岂能愿意？就在县令惊慌失措之际，不巧，赵大人的这番话被后堂路过的夫人给听到了，夫人一脸怒气地冲了出来。见此情形，赵大人反应灵敏，还没等夫人发话，就赶紧对县令说："罢了，罢了，你这事先缓缓，你也暂且退下，我后衙的葡萄架也倒了！"

和自己的下属一样，这位赵大人同样也是一个怕老婆的男人，眼看老婆冲出来要找自己"算账"，他巧妙地以"我后衙的葡萄架也倒了"作为借口，让那位县令马上退下，唯恐被别人看见尴尬的一幕。由此可见，中国男人"怕老婆"的现象自古以来就存在。可是，我们能说这不是件好事吗？就像故事中的那位县令，虽然在家经常遭受老婆的打骂，但是当听到上司要派人抓她问罪的时候，他竟然一百个不乐意，因为两口子打打骂骂，表面上看是水火不容，其实感情却特好。

当然，和上面这两则古代丈夫怕老婆的笑话相比，现代男人怕老婆的幽默则更含蓄、委婉和体面得多。

小彭在亲朋好友中间堪称"模范丈夫"，因为他怕老婆。一天，几个好友准备去小鹏家打麻将，可是刚一进屋，就听见小彭的老婆正在对他数落不停，像挺机关枪一样。对此，小彭对朋友们笑着解释道："大家伙儿别介意啊，我老婆就这样，整天叨叨个不停，听习惯了，就像听音乐一样。"经他这么一幽默，朋友们和他的妻子都被逗得咧嘴大笑。

还有一次，小彭在和老婆闲聊的时候，老婆突然看着小彭的脑袋，疑惑地问:"听说男人秃顶是因为用脑过度造成的,到底是不是这样呢?"小彭诙谐地回答说:"你说得不错!可是你知道女人为什么不长胡子吗?"老婆不解地摇摇头。小彭故作正经地说:"那是因为她的一张嘴喋喋不休,下颚运动过度造成的!"

听了丈夫这句"指桑骂槐"的幽默话,老婆心领神会,当即大笑着用拳头擂小彭的肩膀。

从小彭与妻子的逗笑中,我们不难看到,这对夫妻表面上充满火药味,其实彼此还是非常恩爱的。小彭虽然有怕老婆之名,但是他能处处体恤妻子,包容妻子,而这种气度也正显示出了其大丈夫的本色。试想,如果小彭不是如此幽默地"惧内",而是同妻子大吵大闹,那么他们俩的感情还会这么好吗?肯定不会,说不定还会闹到离婚的地步。

总之,天下没有真正怕老婆的男人,只有不会哄老婆的男人。适度而有节制地怕老婆,面对老婆的"刁难"幽默地调侃一番,往往能够春风化雨,调剂婚姻,让原本单调的生活别有一番风味。

面对伴侣的不满,用幽默反击最得力

【幽默你世界】

家庭生活是很需要幽默的,如果你能以幽默来代替反戈一击的不满发泄,那么即便看似嘲讽,往往也不会伤害对方。

假如你是一位妻子,对钓鱼、打猎和跳舞都没有兴趣,可偏偏这些事情丈夫都喜欢做,而且还要求你一同前往。对此,你不妨以哀求的口吻对他说:"亲爱的,你得学会独立生活,为什么你就不能像别的丈夫那样,哪儿也不带我去?"如此幽默的说辞就很委婉地暗示丈夫:夫妻间是需要保持适当距离的,兴趣的共享与形影不离是有所区别的。

夫妻之间,难免有产生隔阂或矛盾的时候,特别是来自另一半带有讥讽意味的责备,往往让我们揪心不已,火冒三丈,这个时候,激烈的争吵也未必能解决问题。而如果运用幽默趣谈,往往就可以让很多看似不可调和的矛盾在笑声中化为过眼云烟,从而营造良好的家庭氛围。

一对结婚已经五年的夫妻,有一次在争吵中,女的痛哭流涕,觉得很委屈,于是就对丈夫大声抱怨道:"我真是瞎了眼!当初跟你这样的人结婚!在我心目中,我的老公不是你这个样子的,而是有教养,懂礼貌,能说会道,爱说爱笑,喜欢运动,还能歌善舞,趣味广泛,消息灵通……"

"除了这些,还有什么?"丈夫不动声色地问道。

"当然还有，最最重要的，就是希望他能天天陪我在家里，我想和他说话，他就开口；我感到厌烦了，他就别出声。哪像你，三天两头出差，平时一下班就倒在沙发上看报纸！"

听到这里，丈夫怀着不满的口吻幽默地反击道："哦，我懂了，你其实需要的不是老公，而是一台电视机。"

一听此话，妻子被逗得扑哧一声笑了出来，心里的怒火顿时消了一大半。

面对妻子的攻击，这位丈夫并没有暴跳如雷，而是冷静又幽默地回敬，巧妙地用电视机的特点——能天天陪人在家，想让它"开口"它就"开口"，感到厌烦了就可以让它"不出声"，来形容妻子所描述的心目中的"好丈夫"形象，从而轻轻松松就化解了矛盾，同时也让自己的不满和风细雨般发泄了出来，可谓一举两得。

彼得担任匹兹堡市市长时，有一次，他与妻子兰茜去视察一处建筑工地。这时，迎面向他们走来一位建筑工人向他妻子说道："兰茜，你还认识我吗？高中时，我们常常约会呢！"一看在这里竟然遇到了多年前的旧友，兰茜很是激动，马上就与对方热烈地攀谈起来。

见此情形，一旁的彼得很是嫉妒。等那位建筑工人走后，他嘲弄妻子道："如果当年你嫁给了他，现在的你就是个建筑工人的妻子。"

聪明的兰茜听出了丈夫话语中的嘲讽，知道他爱吃醋的毛病又犯了，于是就不满地反唇相讥道："不错，所以你应该庆幸娶了我，要不然，匹兹堡市的市长就不是你了。"

说罢，两人相视一笑，误会马上就消除了。

像这样的幽默斗嘴和相互"嘲讽"，在彼得市长家里已经成为家常便饭，但也正是这些有趣的经历，给市长的家庭增添了乐趣，也增进了夫妻间的感情。

其实，在现实生活中，很少有恩爱的夫妻在生活中一直是相敬如宾的；相反，大多数夫妻正是在如此有趣的磕磕绊绊中相互扶持，白头偕老的。

郭明和曹霞已经结婚十来年了，由于双方父母年迈多病，他们每个月都要给各自的父母寄点生活费，而这件事一直由妻子曹霞全权负责。可是偏心的曹霞偷偷瞒着丈夫，每个月给自己的父母寄五百元，却只给公公婆婆寄两百元。不久后，郭明发现了其中的猫腻，顿时深感气愤，但是他并不想因为这件事而惹恼了妻子。

郭明平日里有个习惯，每天下班回到家后，什么事都不做，总要先抱抱小儿子，亲抚半天。但是这天回家后，他却一反常态地走到五岁的女儿身旁，伸手把她给抱了起来。而旁边坐在摇车里的一岁的小儿子看到爸爸没有疼爱自己，就哇哇大哭起来。可是郭明呢，此时却假装什么也没看见，什么也没听到。

正在厨房做饭的曹霞听到儿子的哭声急忙跑了出来，她冲丈夫喊道："儿子都哭成那样了，你怎么还不赶紧去哄哄他？"

岂料，郭明不紧不慢地回答道："这两百块钱的，还是你来抱吧！我要抱五百块钱的。"

听了丈夫这句话，曹霞心有所悟，脸刷地一下就红了。从此以后，她每月也给丈夫的父母寄五百元了。

大家看，郭明对妻子的不满表达是何等的风趣和巧妙！他并没有直接指出自己对妻子的不满，而是处心积虑，把妻子请进了自己事先设定的"圈套"——你作为女儿，可以给你爹妈每月邮寄五百块钱，可是我作为儿子，却只能给我父母寄两百块钱，由此可见还是养女儿好！所以我就只抱"五百块钱"的女儿，你去抱"两百块钱"的儿子。如此易位思考，弦外有音地暗示出了事情的实质和自己的不满情绪，从而达到了规劝妻子的目的。

像这种幽默的"声东击西"的说话艺术，在很多夫妻间都曾经发生过。

有一对夫妻，妻子非常喜欢唱歌，可是水平特别差，有时候搞得丈夫没法休息，丈夫每次好心好意地劝说，倔强的妻子都会理直气壮地把他的话给堵回来。

有一次，已经深更半夜，妻子还在那里自得其乐地唱着难听的歌，丈夫只好急急忙忙地跑到大门口站着。

妻子见状，不解地问他："我每次唱歌时，你干吗总要跑出去站在门口呢？"

丈夫佯装严肃状，一本正经地对妻子说："我这样做是为了让邻居看到，我并没有打你。"*

故事中的这位丈夫所说的这句话其实就是一种声东击西的批评方式，妻子乍一听毫不介意，但是仔细品味，最后才明白原来老公是在说自己的唱功不好，不仅影响他休息，而且也严重影响了周围的邻居们。这样一来，既避免了夫妻间由于直接指责而造成的冲突，同时又能博得对方一笑，使对方更加深刻地认识到了自己的错误。

总之，在夫妻相处中运用幽默来经营婚姻，好处多多，它不仅能够将个人的看法和不满有效而确切地表达出来，还能在暗示责备的同时，也能增进家人的感情。所以，当你与爱人在生活中发生争执时，不妨多运用类似的幽默言语表达自己的观点。

*摘编自史迪文著《世界上最会说话的人》，北京：北京邮电大学出版社，2005年

幽默式策略能让你的婚姻处于最佳状态

【幽默你世界】

运用纸上调侃的方式来化解夫妻间的矛盾时,除了上面我们所讲的方面外,还有一种方式比较有趣,即"返还式"幽默。

假如你和老婆头天晚上生气,谁也不主动和对方说话,最后要睡觉的时候,老婆写了张纸条塞给你,上写:别忘了明早六点半喊我起床。等到第二天一早,你不妨"以牙还牙",也写张纸条:六点半了,赶快起床!然后贴在床头,悄然上班去。等老婆醒来发现这一切后,肯定会乐不可支,恨意顿消。

很多人都说"婚姻是爱情的坟墓"。的确,恋爱时的温馨浪漫,在被婚后柴米油盐这些家常琐事所取代后,两人的甜蜜感情似乎正在一点点地枯萎、消失。很多做丈夫的抱怨妻子不知道体谅自己在外打拼的辛苦,只知道如何打扮自己;而做妻子的则埋怨丈夫不理家务,变得感情迟钝。于是,在这种"相看早已厌"的对立情绪中,一次又一次的争吵不免接踵而至。

实际上,爱情、家庭是需要两个人共同来努力维护的。如果你是一个聪明人,在夫妻争吵中,就应该懂得怎样以幽默来替代粗鲁无礼的语言,解决日常生活中的分歧,从而呵护婚姻中的爱情,让婚姻处于最佳状态。而想要做到这一点,有时候不光要靠灵巧的嘴巴去说,方寸纸上的小幽默，往往更能出其不意，巧妙地化解掉矛盾。

古时候有个读书人的老婆，学问不高，可是非常霸道，对丈夫轻则恶语相加，重则以棰击打，还别出心裁地经常用根长绳子一头系着丈夫的脚，一头用手牵着，以便于随时召唤。最终，书生不堪忍受，一天晚上，待妻子睡熟后，他便蹑手蹑脚地下床，解开脚上的绳子，系在预先牵来的一只羊身上，然后翻墙逃走了。

次日一早，那位悍妇一觉醒来，不见了丈夫，就用力拉绳，结果竟然拉来一只羊，于是就非常害怕，再定神一看，在羊的左脚上系着一张纸条，上面写道："你平日积恶甚多，祖先们显灵怪罪下来，就罚你丈夫变成羊。只有从此努力悔改，丈夫才能变回人形。"

悍妇看罢，抱羊大哭，后悔莫及，当即发誓以后永远不再虐待丈夫，之后又斋戒七日。到了第八天晚上，待妇人睡去，藏在暗处的书生悄悄地把羊给放走，自己则躺在了床上。

第二天，那妇人醒来看到丈夫，一时惊喜不已，再三询问："你变成羊这么多天，一定够辛苦的吧？"

书生忍住笑，故意装作愁苦的样子，十分委屈地对老婆说："是啊，直到如今想起我做羊时吃的杂草，肚子还隐隐作痛呢。"

妇人听了，更加觉得伤心和后悔，从此以后对丈夫百般关怀。

面对霸道不讲道理的老婆，这位书生没有采取以牙还牙的过激行为，而是巧妙借用一只羊和一张纸条，轻而易举地就达到了让老婆"改邪归正"的目的。有句古话说："天上下雨地下流，小两口吵架不记仇。"夫妻之间经常爆发的那些"战争"，其实不过是雷声大雨点小，只要运用恰当的幽默便能将之巧妙地化解。

林飞和高萍是一对夫妻，他们俩在上大学的时候就谈起了恋爱，并且林飞比高萍大了好几岁，所以结婚后，林飞处处都让着妻子，对她百般呵护。可是女人有时候也能被惯坏，婚后，高萍还是和谈恋爱时一样，霸道蛮横不讲理。对此，林飞是睁只眼闭只眼，全当自己是"灰太狼"。

有一次，林飞和高萍说好一块去参加朋友的婚宴。谁知走到半路，高萍又开始不讲理地呵斥起老公来。看着大街上那么多的人在看自己的笑话，林飞当时火就腾地一下上来了，他赌气一扭头，回家了，把妻子丢在大街上。见此情形，高萍气得眼泪都流了出来，但是她也不认输，于是就自己一个人去参加婚宴。

晚上十点多，高萍回到家，从楼下看到家里的灯都关了，以为老公睡着了，于是就没有按门铃，掏出钥匙准备开门时，却发现门上贴着张纸条，上面写道：你必须向我道歉！高萍感到很可笑，心想：向你道歉？我还没找你算账呢！可是当她进屋开灯关门的时候，又发现门后也贴着一张纸条，上写：或者把我的皮鞋擦亮也行。高萍心里骂道：呸！做梦去吧，我给你擦个屁！

接下来，高萍开始换拖鞋，可是她发现自己的拖鞋上也粘着一张纸条：呸，擦个屁！见此情形，高萍感到很好笑，心想：要我道歉，绝对没门！我一星期都不会理你的，看你怎么办！

换罢拖鞋，高萍去洗手间洗漱，却发现自己的口杯上又有一张纸条：如果你不知道该怎样向我道歉的话，书桌上有提示。高萍急忙跑到书桌旁，只见桌上放着半页纸，正面写道：把背面的话对我大声念两遍就行了。

翻到背面，高萍惊讶地发现，上面竟然贴着一张从报纸上撕下来的广告，广告词是这样写的：做女人，每个月都有几天心烦的日子……看完这几句广告词，高萍又想笑了：干吗不直接说我更年期到了，那样岂不是更好下台阶？真是可笑！至此，高萍的气已经消了大半。

洗完脸刷过牙后，高萍上床准备睡觉，却发现老公扭头在一边睡着了，于是就没有搭理他，拿过床头那本前几天正在看的小说准备看几页。可是刚一打开书，从里面掉出一张纸条，上面写道：我知道你心里已经很难过了，你觉得对不住我。算了，有点难过就行了，也不必自责。其实我也有错，要不是你当着那么多路人的面让我丢面子，我是不会跟你作对的。你也知道，男人嘛，除了在外人面前要点面子外，谁会没事跟自己的老婆过不去呀！

　　看到这里，高萍觉得心里一阵发热，此时她也觉得自己白天确实有点过分，对不住老公，于是就伸出双手温柔地抱着老公的头，扳过脸来，却又发现老公脸颊上还写着两个大字：亲我。

　　故事讲到这里，想必大家都能猜到接下来的事情，自然是误会解除，皆大欢喜。其实通过这个很有趣的故事，我们不难体会到，夫妻之间发生口角时，有时候只用嘴巴去辩解还远远不够，甚至不仅起不了化解矛盾的作用，反而越描越黑，让矛盾升级。这个时候，我们不妨转变思路，学习一下故事中的林飞，把幽默之词倾吐在纸条上，正所谓"无声胜有声"，和风细雨，娓娓道来，就能很轻易地在调侃中把冲突给化解掉。

一句幽默话能让感情即刻升华

【幽默你世界】

面对夫妻间因为繁琐家务而引发的不满和矛盾,究竟该如何正确处理?很显然,严厉地指责一方的懒惰与疏忽势必会引起口角,甚至导致双方大动干戈。所以我们不妨运用幽默来巧妙处理,这样往往会让对方更容易接受。

假如你的妻子很懒,已经两个礼拜没有打扫房间的卫生了,对此,你不妨这样对她说:"亲爱的,上周你工作很忙,没时间做家务,如果这周你仍然忙的话,我可以替你再做一周的家务。"如此一来,妻子听了肯定会心生惭愧和难为情,同时为你的体贴周到而感动。

走入婚姻的夫妻都有这样的体会,成立家庭后,恋爱时的花前月下似乎都被琐碎而具体的家务给冲淡了。时间一长,夫妻双方就很有可能会在分担家务的多少上产生矛盾,发生争吵。这个时候,如果你不懂得运用幽默来协调、润滑的话,那就可能会使小吵变成大吵,甚至还会发展到不可收拾的地步。

有个做丈夫的,平时很不懂得体贴妻子,不愿为其分担家务,尤其在洗衣服方面,总是找借口,不愿亲自动手。一天早上,妻子温柔地对丈夫说:"亲爱的,你看你昨天晚上又换了一身脏衣服,你能去洗一下吗?"懒惰的丈夫躺在床上伸了个懒腰,含糊不清地说:"不行,我还没睡醒呢！"妻子笑了，说："我早知道你会这样，所以刚才只不过是考验你一下，其实衣服我都已经洗好了。"

一听此话，丈夫也来了幽默，说："我也只是跟你开玩笑，其实我是很愿意帮你洗衣服的。"这个时候妻子忽然止住笑，一本正经地对丈夫说："你能这样想最好不过了，其实跟你说实话吧，刚才我说衣服已经洗完了，是句玩笑话。既然你愿意，那就请你快去干吧！"

此时此刻，丈夫无言以对，同时又不得不佩服和欣赏妻子的幽默与风趣，于是马上高高兴兴地起床穿衣去洗衣服了。

这位妻子的机智幽默可谓高超，她成功地给丈夫上演了一出请君入瓮的现代戏剧，让丈夫在不得不去做这些他不喜欢做的家务的同时内心也充满了欢乐。由此可见，在繁琐家务中加入点幽默的调料，往往能够换来夫妻之间的和睦相处。

小吕是某公司的部门经理，平时在家懒得帮妻子做饭，动不动还摆出一副严肃的面孔来为自己不做饭找借口。一天，小吕下班后回到家，发现妻子还没回来，就打开电视舒服地躺在沙发上等着妻子回来做饭。不一会儿，妻子回来了，看到小吕一副坐享其成的样子，气不打一处来，于是就赌气也坐下来看电视。

过了一会儿，小吕的肚子饿得咕噜直响，就催促妻子道："你快去做饭吧，我饿得受不了啦！"

妻子说："那你帮我一块做。"

小吕沉下脸来，故意装作威胁的样子说："你再不去做，我可要上馆子去吃了！"

妻子笑道："好吧，请你等十分钟。"

看到自己又一次在做饭上取得了胜利，小吕洋洋得意，趁机奉承妻子说："你真是越来越能干了，十分钟就能做好饭吗？"

妻子佯装一愣，反问丈夫道："你不是说一会儿出去下馆子吗？我十分钟就能打扮好陪你一起去啊。"

听了这句话,小吕哭笑不得,最后只好无可奈何地帮着妻子开始做饭。

聪明的妻子巧妙歪解丈夫的话意,用自己的智慧使其心服口服地帮自己做饭,这种出其不意的幽默的确很值得我们学习。实际上,在家庭生活中,作为妻子,最让她心烦的是被无休止的家务给累得要死,而一旁的丈夫却冷眼旁观,什么忙也不帮,甚至还指手画脚,鸡蛋里面挑骨头。对此,妻子要见机行事,轻松幽默地提醒对方不能坐享其成。

一个周末,小李和妻子都在家,但是两人的情形却截然相反。这边,妻子洗完了一大堆衣服后,又忙着进厨房做饭;而那边的小李呢,却坐在沙发上跷起二郎腿悠闲地翻看着杂志。见此情形,妻子心里很委屈,但是又不想为这点小事和丈夫大吵大闹,于是她就不动声色地把炒好的猪肝和猪心端上饭桌,然后扭头招呼丈夫吃饭。小李慢腾腾地坐到饭桌旁,用筷子夹了一块猪肝和猪心放进嘴里,边嚼边问妻子:"人家都说这吃什么补什么,吃猪脑补脑,吃猪脚补脚……那这猪肝、猪心补什么呢?"

一旁的妻子擦了一把汗,没好气地回答说:"专补那些没有心肝的人的心肝!"

听了妻子这句话,小李心有所悟,看看面前累得疲惫不堪的妻子,他不禁有些自责,于是赶紧笑着拉过妻子的手。

小李的妻子面对懒惰的丈夫,不仅能抑制自己的怨气,而且还于不经意间,用"猪肝猪心"巧妙幽默地讽刺了一下对方,提醒他不该饭来张口,坐享其成,这种轻松的批评最终使小李虚心接受。

事实上,在现实生活中,并非所有的丈夫都像上面这几则故事中的那样在家懒散成性,也有不少"模范丈夫",他们在家洗衣、拖地、做饭等等,而这个时候,有些做妻子的难免就会"身在福中不知福",对如此体贴的老公指手画脚,吹毛求疵了。

孙浩是个典型的好丈夫,他几乎每天下班回到家都要帮妻子周敏做家务，什么买菜、洗衣、拖地、叠被……只要看见妻子还没来得及做的家务，孙浩几乎都要积极地伸手援助。面对做家务如此积极的老公，周敏刚开始还心怀感动，但是时间一长，她就"见怪不怪"了，甚至有时候还学会了挑剔。

一个周末，孙浩在家，而妻子则加班。中午，孙浩忙活了一个多小时做了一顿很丰盛的饭菜，然后和儿子等着周敏下班回家一起吃。岂料，周敏下班后一踏进厨房，就不满地对丈夫嚷道："你看你，跟你说了多少遍了，做完饭，随手把灶台上的油污擦干净！还有地板，上面的菜叶要扫一扫，不然踩来踩去，像猪窝一样，让人没胃口！"

孙浩有些委屈地解释道："我不是正在打扫吗？刚巧你回来了，还没来得及收拾干净呢！"

"你打扫个鬼！看看，这儿是菜叶，那儿是丝瓜，墙角是蒜粒……"妻子不依不饶，啰啰唆唆说了一大堆。

看到自己如此卖力不讨好，孙浩心里感到一阵委屈和恼火，但是他是个好脾气，而且在孩子面前也不想与老婆大吵，因此就马上改变了说话的方式与语气："老婆大人，你是领导，我和儿子都是你的下属，你每次回家检查工作，我总得留点错误让你纠正啊，这样才能显示出你的领导水平嘛！对不？要是我把工作做得滴水不漏，你什么毛病也找不出来，岂不是说明你这个领导没水平？"

这个马屁拍得很不错，周敏的脸色马上由阴转晴，笑呵呵地自己拿起扫把，和老公一起打扫起厨房的卫生来。

你看，像孙浩这样的好男人，作为妻子，还经常挑刺，如果换成了别的家庭，可能很多做丈夫的都不会容忍，轻则大吵一顿，重则甚至有可能闹翻脸。但是孙浩却没有把心里的委屈和不满直接写在脸上，而是巧妙转换思维方式，通过幽默地拍马屁的方式赢得了妻子的理解，最终使家庭气氛归于融洽。

在家庭生活中，无论是妻子还是丈夫，在处理繁琐家务的时候，都应该同心协力，相互帮助，绝不能自己站在一旁冷眼观看，甚至指手划脚、吹毛求疵。而一旦夫妻间因为家务琐事引发争吵，我们不妨试着用幽默来化解，这样既不会伤人，同时也能维持家庭的良好气氛，一举两得。

加点幽默,醋意在笑声中烟消云散

【幽默你世界】

小小的吃醋,是升温爱情的一种方式。可是面对另一半包含醋意的埋怨,我们怎样拿起幽默的武器来化解尴尬?这里面的技巧当然有很多,我们不妨选择"借题发挥"的形式来对待。

假如你和妻子一起在大街上走,迎面走过来一位漂亮女郎,你忍不住多看了几眼,这时妻子脸上马上阴云密布,质问你那么色迷迷地看人家干什么,你不妨笑着回答说:"亲爱的,你误会了,我不是在看人,而是看她穿的衣服,这样好按照那个款式给你买一身呀。"这个时候,虽然妻子半信半疑,但脸上肯定会浮起笑意。

"吃醋"一词作为男女间因第三者介入而产生嫉妒之情的代名词,据说出自这样一个典故:

唐太宗年间,皇帝李世民赐给开国宰相房玄龄几名美女做妾。岂料,房玄龄是有名的"妻管严",他的妻子卢夫人是个悍妇,一见丈夫竟然带回家几个年轻漂亮的小妾,顿时大发雷霆,指着房玄龄大吵大骂,并大打出手,把美人赶出了房府。

得知此事后,李世民有些生气,想压一压宰相夫人的横气,于是就派太监持一壶"毒酒"传旨房夫人,如不接受这几名美妾,即赐饮毒酒。谁知,房夫人面无惧色,接过"毒酒"一饮而尽。不过房夫人并未丧命,原来壶中装的是醋，皇帝有意以此来考验她，跟她开个玩笑。事后，皇帝正言告诉房玄龄道："你老婆果然刚烈，从中可见她对你的感情之深，朕也敬重她三分，赏妾的事我看就算了，你以后就好好听她的吧。"

醋的滋味酸酸的，嫉妒之味也是酸酸的，由此，"吃醋"一词就流传开来了。

事实上，"吃醋"对于恋爱和婚姻中的男女来说早已经成了"家常便饭"，因为随着双方感情的日益加深，这时候如果突然出现了一个第三者，哪怕另一半只是和他（她）眉来眼去、暗送秋波，你也会出现心里泛酸、心绪难平的异样感受。如此一来，醋意大发之际，讽刺、抱怨也就在所难免。这种情况，如何才能巧妙化解？显然，直来直去地解释往往苍白无力，甚至越描越黑，所以你不妨适时加入幽默这一味调料，在酸涩中加上点儿甜味。

有一对夫妻，一次去参加朋友聚会，妻子忽然发现自己的老公一直在注视着身边那位打扮得很妖艳的女人，于是心里酸溜溜的，就伏在老公耳边悄悄地说："你去跟她说说话吧！不然别人会以为她才是你的妻子呢！"

老公一听，马上意识到了自己的失态，回头笑着对吃醋的妻子说："我才不去呢！谁是我妻子，我心里最清楚了。"

说完，夫妻俩相视一笑，亲亲热热地挽起手。

这位妻子简单的一句小幽默，就让丈夫的失态免于继续下去。其实她在这里所运用的就是一种钝化了的攻击，而这种方式让男人比较容易接受。试想，假如这位妻子不这样做，而是当众指责、讽刺丈夫，那么势必会让丈夫下不来台，肯定会使夫妻间的争吵扩大，从而激化矛盾，大动干戈。

由此可见，在婚姻生活中，如果夫妻两人对彼此视而不见，一点"醋"也不吃，这种爱情就会显得淡而无味。相反，偶尔吃点"醋"，并在其中加点幽默的调料，说不定就能让平凡琐碎的生活变得有滋有味。

有对夫妻，一次带着十四岁的儿子在沙滩上晒太阳。这时，迎面走来一个美丽的少女，情窦初开的儿子目不转睛地盯着少女看。见此情形，妻子用手碰碰丈夫，低声说道："你看，儿子的确长大了。"

几分钟后，一个丰满的少妇穿着泳衣从夫妻俩面前走过，丈夫禁不住为她的好身材投去色迷迷的眼神。见此情形，妻子心怀不满，又用手碰碰丈夫，低声责备道："唉，你看你，别像儿子那么孩子气好不好？"

丈夫笑了，马上把目光收了回来。

这位妻子很机智，面对色迷迷盯着别的女人看的丈夫，她并没有当面发火，而是顺着之前说"儿子的确长大了"的话语，以"孩子气"来委婉暗示丈夫：儿子那么盯着有魅力的女孩看，情有可原，毕竟他年龄还小；可是你这么大一个人，都娶妻生子了，怎么还能像小孩子那样呢？如此巧妙的幽默提醒，让丈夫在轻松一笑中感受到妻子的醋意和抱怨，从而认识到自己的失态。

赵华是一位外科医生，他的妻子小梅是个爱吃醋的人。有一次，他与妻子逛街，正当两人在大街上走着的时候，忽然对面走来个年轻漂亮的金发女郎，热情地向赵华打招呼。等那位女郎走过去，小梅酸溜溜地看了丈夫一眼，问："你在什么地方认识的那个女的？"

"亲爱的，你别误会，我们只是因为职业才认识的。"赵华知道妻子一向爱吃醋，所以赶紧赔着笑脸解释道。

"真的吗？是你的职业还是她的职业？"妻子不依不饶地追问。

听完这句富含幽默的问话，赵华被逗乐了，他亲热地搂过妻子的腰，佯怒道："看你想到哪儿去了！"

还有一次，赵华因为给一个重症病人做手术，晚上下班回来得很晚。妻子看见他之后，忽然大发娇嗔："你到底去哪鬼混了！老实交代！"

赵华一愣，说："我没去其他地方啊，晚上一直在医院为病人做手术呢！"

"撒谎！那你额头上怎么有一片口红！说！到底是哪个相好给你留

下的？"妻子挽挽袖子，把赵华拉到镜子前，指着他额上一片殷红的痕迹厉声责问。

"哦，是这个啊，亲爱的，你误会了，这不是口红，是血。刚才我开车回家的时候，出了点意外，前额撞在方向盘上了。"

妻子面露喜色，喜滋滋地说道："哦，这样啊，那算你运气好。"

你看，赵华的妻子不仅是个醋坛子，而且还是位懂得用幽默来为吃醋调味的高手。而就是类似这样小小的带有醋意的幽默，使两人之间的感情变得浓烈而富有情趣。由此可见，吃醋并不是件坏事，相反却是一种善意的嫉妒，一种爱和关心的别样表现。

当然，做什么事都要有个度，夫妻间吃醋也不例外，千万不要过度。正所谓"小醋怡情，大醋伤情"，如果你把握不好这个"度"，大发醋意，再可笑的幽默有时候也难以调和，最终酿成不可挽回的恶果。

用幽默搞定"烧钱老婆"

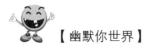【幽默你世界】

家里的存款是有限的,而妻子的购物欲却是无限的。面对购买欲旺盛的"烧钱老婆",不少做丈夫的都或多或少地感到力不从心,并且感到尴尬、羞愧。实际上,只要你适当运用幽默之术,顺水推舟,借鸡生蛋,往往能够让难题迎刃而解。

比如,你的妻子爱买高档的衣服来打扮自己,某日,她故意对你说:"亲爱的,昨晚我梦见你答应给我一千块钱买大衣了。你会成全我的美梦吧?"面对这个棘手的问题,你不妨顺着她的话题回应:"那当然。说来也巧,我昨晚也做了一个同样的梦,我记得把钱给了你呢。"如此幽默委婉的拒绝之词,肯定能让妻子在哈哈一笑之后无话可说。

俗话说:"男主外,女主内。"在一个家庭中,如果把丈夫比喻为创造家庭财富的"顶梁柱",那么妻子可谓是管理家庭财富的"主心骨",所以从这一点来说,要想打造一个完美的家庭,不仅需要夫妻在感情生活上和和睦睦,而且还要在理财上达成一致的目标,即一起开源节流,为家庭的幸福奠定稳定的经济基础。

可是在现实生活中,作为一个丈夫,如果你不幸娶了一位购买欲很旺盛的女人做老婆,该怎么办?面对老婆大手大脚花钱的举动,你是不是总是板着脸对其循循善诱?事实上,这样的结果总是不能尽如人意,甚至到最后不仅劝说的目的没有达到，反而引来了双方之间更激烈的争吵。

女人有购买欲，似乎是天经地义之事，但是在一个家庭之中，如果女人的购买欲过于强盛，则无异于一个巨大的黑洞。对此，如果你能运用幽默的方式，对她晓之以理、动之以情，劝其改进，效果往往会更好。

张欣与丈夫结婚五年了，她属于时尚一族，一次，她又想买顶帽子，便对丈夫说："亲爱的，小王的爱人买了顶新款帽子，真好看！"

聪明的丈夫一听，知道妻子话里有话，马上回答道："是吗？如果她像你这样漂亮，就不用经常买帽子了。"

听了丈夫这句赞美之词，张欣顿时心花怒放，同时再也不好意思张口给丈夫说买帽子的事了。

张欣的丈夫并没有直接拒绝妻子的要求，而是从另一个方面去满足了妻子的精神需求，这种巧妙的"借鸡生蛋"的方式，不仅可以避免妻子一味的纠缠，而且还可以满足妻子的虚荣心，让她更加快乐。

郭宇和小丽是一对新婚不久的夫妻，由于两人刚组织家庭，经济上不太宽裕，所以郭宇花钱总是很谨慎，从不愿多花掉一分钱。可是妻子小丽却截然不同，还像恋爱时一样，时不时地要求老公买这买那。

有一次，小丽对丈夫抱怨道："亲爱的，你看，咱对门邻居家今天刚买了一台全自动洗衣机和一台液晶电视机。可是咱们家呢？结婚都快一年了，天天看的还是这台十来年的老式电视机，什么新'机'都没有。"

"谁说没有？"郭宇不慌不忙地从口袋里掏出一个崭新的打火机，笑着对妻子说："我今天刚买了个打火机。"

一句话逗得小丽哈哈大笑起来，顿时把购买"机"的事给抛到了九霄云外。

还有一次，郭宇陪小丽去逛街，当来到一家品牌女装店时，小丽盯着那些昂贵的名牌衣服舍不得挪步，弄得丈夫提心吊胆，生怕妻子心血来潮要求给她买一件。

果不其然，不一会儿，小丽就挽着丈夫的左胳膊亲昵地撒娇道："亲爱的，你能花两百块钱给我买那件连衣裙吗？"

"你说什么？这儿人太多了，乱糟糟的，我左耳朵不太好使。"郭宇故意装作耳背的样子大声问妻子。

见此情形，妻子心领神会，知道老公不太愿意掏钱，但她还是不肯善罢甘休，于是干脆走到丈夫的右边轻声说："你能花五百块钱给我买件衣服吗？"

丈夫赶紧说："你还是到左边来说吧！"

一听此话，小丽笑着扬起粉拳，嗔怒地在丈夫背上擂了一下。

聪明的郭宇对于购买欲旺盛的妻子小丽的要求，没有严词拒绝，让伴侣下不来台，而是巧妙装作"耳背"，轻而易举地就把妻子胡乱花钱购物的打算给"顶"了回去。当然，面对不善理财的"烧钱老婆"，作为丈夫，有时候还可以用"步步深入"的幽默方式来处理，比如下面这位机智的小崔——

小崔的妻子在花钱方面比较争强好胜，喜欢与人攀比，邻居小刘有什么她就一定要有什么。

一天，小崔的妻子在与丈夫的闲聊中这样问道："亲爱的，你知道小刘家最近又添置了什么东西？"

小崔不动声色地答道："这我知道啊，他们家前天刚买了一套新沙发。"

妻子脸上露出了不屑，说："新沙发算什么啊，明天我们也添套新的！"

小崔又说："他家还购买了一台名牌等离子大彩电呢！"

妻子眉飞色舞地说："小意思，咱们家也买一台！不能让别人看笑话，对了，你再想想，他们家还添了哪些东西？"

小崔故意装作难为情的样子，吞吞吐吐地对妻子说："小刘最近……最近……唉，算了，我不想说了。"

妻子很纳闷，不高兴地对丈夫追问道："为什么不说？你怕咱们比不过他吗？"

小崔难为情地说："他另外找了位漂亮的妻子。"

一听此话，小崔的妻子不吭声了，听出了丈夫话里的意思，并立刻意识到了自己的错误。

其实，小崔是在运用步步深入的归谬法，有意识地引导和暗示妻子：凡事不能一味地与他人相比，尤其是在购物上，一定要量力而行。这种巧妙的方式逐步诱导出妻子观点的错误，既缓和了气氛，同时又避免了尴尬，最终使妻子原本失衡的心理很快就平衡了。

由此可见，面对那些在家庭理财方面的"菜鸟"老婆，作为丈夫，绝不能因此让自己情绪失去控制，大动肝火，而是要巧妙运用幽默来委婉地拒绝、暗示或者批评，这样方可达到循循善诱、春风化雨的目的。

PART 11
情绪调适的幽默式

让生活不再苦闷,让交际再无障碍,让职场愈发得意,让情场充满欢愉!

幽默是缓解生活压力的给力良方

【幽默你世界】

运用幽默来缓解压力的方法有很多,但是无论你采取哪种方式,都要注意选择好场合、时机,并且把握住火候,这样才能取得引人发笑的效果,成功调适郁闷心情。

比如,你发现自从结婚后,妻子的控制欲特别强,什么都要管,不管是你的工资、社交还是电话,她都要过问,对此,你备感压力。这个时候,与其和妻子大吵大闹,不如运用生活中的小情景来制造幽默,让对方认识到自己的错误。某日,你和妻子准备出门逛街,等走到门口时,你问她:"亲爱的,你说我应该先迈哪只脚呢?"这句看似不经意的幽默肯定能让妻子顿有所悟。

在这个竞争日趋激烈的社会里,生活压力过大,很多人由此很容易患上一些心理上的疾病,比如目前患病率最高的抑郁症等,长此以往,不但影响了工作,而且也影响了身体的健康。其实,要想摆脱这种心理上的压力与疾病并不是件难事,而其中一个最给力的应对良方就是摆正心态,学会运用幽默在生活中寻找乐趣。

事实上,幽默的确能够很好地释放人们内心的焦虑情绪,维持心理上自我感觉的平衡,改善抑郁症状,调节过重的生活压力对于心情的影响。如果我们能够很好地运用幽默,就能够缓解我们紧张的情绪,调节压力，更能够让我们活得长寿、健康。

李华是某公司职员，有段时间，受公司经济效益不好的影响，他所在的公司一直没有给员工发奖金。对此，本来就属于"月光"一族的李华深感生活压力骤增，心里也开始郁闷起来。

一次中午休息时，李华与几个同事在办公室闲聊，提起公司最近不景气的状况，李华不由得感慨道："唉！别说公司日子不好过，就是我的温饱都成问题了！压力大啊，现在花钱，恨不得把一块钱掰成两半花！"

一听此话，几个同事都深有感触，纷纷对公司产生了意见，聊天气氛一下子就陷入了沉闷状态。就在这时，一个一向很幽默、乐观的同事一本正经地对李华说："哥们儿，别费那劲儿了，我试过，根本掰不动。"

这句风趣的调侃话马上逗得一屋子的同事都哈哈大笑起来。*

李华的这位同事轻松的一句话，就让有些压抑的办公室气氛变得活跃起来，让大家在心情郁闷之时开口一笑，大大缓解了心理压力。试想，如果这位同事也跟着其他人一起感叹薪资的压力，那么结果只会让整屋的同事更加愁闷，而这样的心态无疑对于解决薪资问题是没有一点帮助的。

面对激烈的工作竞争和生活压力，有时候我们心理上感觉抑郁是很正常的。在这些压力面前，与其愁眉苦脸地唉声叹气，倒不如乐观以对，适时地运用幽默来缓解紧张焦躁的情绪，这对于调节心情是很有作用的。

某大学校园，一到了毕业求职的旺季，那些大四的学生就会赶场跑招聘会，然后去参加一轮又一轮的笔试面试，这自然让他们整日忙个不停。面对竞争激烈的工作岗位，不少大学生都深感求职压力巨大，于是纷纷以幽默的方式在QQ上签名，比如"我学数学我无奈，工作找得

---

*摘编自项星编著《每天学点幽默口才》，北京：中国纺织出版社．2010年

很失败"、"我学经济我悲剧,毕业工作没处去"、"我学历史我脑残,求职路上好心烦"等等,类似这样的句子在他们的QQ签名中随处可见。

实际上,这些大学生之所以用如此调侃的口吻来发泄对找工作的不满,其实只是想放松一下紧张的神经,在疲于参加招聘会和面试的同时,让自己面对不如意的现状幽默一把,缓解一下求职压力带给自己的心理负担。

的确,幽默不失为一种很好的解压方式,一则简短的幽默故事,一句寥寥数字的玩笑话,往往既可以给自己带来欢乐,同时也能感染别人,让我们从繁重的工作和紧张的生活压力中解脱出来,充满信心和勇气去面对新挑战。

古希腊著名哲学家苏格拉底,经常在自己家楼下为学生们讲课,常常因为上课太认真,一直到天黑都不想下课。对此,他的太太很是生气,经常在快要下课的时候,用锤子猛敲地板,催促老公回家吃饭。可是苏格拉底呢,面对凶悍太太的这种示警压力,依然不为所动,继续谈笑风生地为学生们授课。最后,太太实在受不了了,就在楼上乱摔东西,破口大骂,有一次甚至还故意把一大桶冷水倒在丈夫的头上。

被太太弄成落汤鸡的苏格拉底,当时非常尴尬,而学生们呢,也都捏了一把汗,认为这次老师肯定会对师母"有力反击"。岂料,苏格拉底并没有这样做,而是用手擦擦脸上的水滴,笑着对学生们说:"我们刚才不是讲了自然法则吗?那是理论,大家看,你们的师母现在就给我们演示了这方面的实例,刚刚猛敲地板是'打雷',而从楼上倒水就是'下雨'啰,这就是先后有序的自然法则。"

听了老师这番幽默风趣的解释,学生们顿时被逗得哈哈大笑。

面对老婆对自己讲课的干涉压力,苏格拉底并没有为此动容,甚至当老婆亲手把一桶凉水浇到自己头上时,他也没有大动肝火,而是巧妙地结合给学生们所讲的"自然法则",轻轻松松地就化解了大家心里的担忧,从而使以后的授课得以正常进行下去。试想,假如当时苏格拉底不是这样做,而是跳着脚对着老婆大吼大叫,那么还有可能继续上课吗?肯定不能,恐怕学生们早已被这种尴尬场面给吓跑了!

面对各种各样来自生活中的巨大压力,我们是愿被这些压力所击败,还是愿将这些压力击溃,全在于我们自己。而有效缓解压力,调节心情的一个很简单的武器,就是一个小幽默,一脸乐观的微笑。

某高三教室。眼看就要高考了,同学们都在教室里紧张地复习功课,谁也没有闲工夫去说话搞笑。可就在这时,教室里突然发出"哐当"一声响,一个学生因为座椅坏了而摔倒在地,顿时引起了全班同学的注意,甚至有人偷偷笑出了声。对此,讲台上正在批阅试卷的老师抬起头,揉了揉疲惫的双眼,感叹道:"唉,学习给这把椅子的压力太大了!"

全班同学立刻哄堂大笑。

这位高三老师很懂得运用幽默来缓解学生们面对高考的巨大心理压力,一句"学习给这把椅子的压力太大了"不仅有效缓解了当时尴尬的气氛,而且还愉悦了其他同学,让大家在辛苦学习之余有效地放松了一把,这种方式真是很值得我们学习。

总之,在现实生活中,不管你的压力来自哪里,都无法避免,能够将压力转化为动力的是智者,能将压力化解于无形的则是聪明人;而那些愚笨的人呢,则只能终日饱受压力的折磨,郁郁寡欢甚至一蹶不振。所以,做一个聪明的人,在压力面前想办法自我幽默,自我调节,这样才能做一个轻松快乐的自己。

从容面对烦心事,幽默最管用

【幽默你世界】

人生在世,谁都难免会遇到这样或那样的坎坷和不顺心的事情,如果你终日沉湎在愤懑或悲观失望中,必然不能自拔,让自己活得很累。对此,我们一定要学会运用幽默来解脱这种心理困境,而风趣的自我嘲笑则是最佳方式之一。

比如,某日当你在雪地上行走时,不小心滑了一跤,站起来走了几步后又不幸再次摔倒。见此情形,周围的人都暗自窃笑。对此,你不妨拍拍屁股,自言自语地对大家说:"唉!早知如此,当初我就不爬起来了!"这种自嘲的幽默方式,往往能让人的不快情绪迅速消失,使失意得到有效治疗。

在现实生活中,我们每个人都可能会在不同的场合遭遇一些失意的情况,有的是工作失意,有的是情场失意,等等。面对这些失意,有时候我们即便再努力,也不可能完全避免它所带来的不适情绪。对此,一味地消极逃避是不对的,因为这样做不仅不能让失意走开,反而会让其更加嚣张。所以我们只有选择积极面对,用幽默来调侃,才能真正从中走出来,塑造一个阳光、开朗的心态。

二战结束后不久,在一次大选中,名扬四海的政治家丘吉尔落选了,这让很多人都觉得不可思议、难以接受。所以在丘吉尔落选这天,事先得知此事的助理急匆匆地跑过来,小心翼翼地告诉还正在游泳池游泳的丘吉尔:"先生……您……您落选了。"

岂料,丘吉尔听罢这个不幸的消息后,不但没有像助理所想象的那样生气、失落,反而微笑着风趣地对助理说:"好,好极了!这说明我们胜利了!我们追求的就是民主,民主胜利了,难道不值得庆贺吗?"*

作为一位伟大的政治家,面对竞选失意,丘吉尔不仅没有失意、忘形,反而从容理智,用这句幽默的话语表现了其极度豁达的政治家风范,真是不能不让人钦佩!

南朝刘宋时代,明帝刘彧因为怀疑江州刺史王景文有谋反之意,于是就命人送去赐他一死的敕书。当时王景文正在与客人下棋,看到皇帝的敕书后,就轻轻地把它放在棋盘底下,神情依然很舒畅。等一局棋下完,王景文若无其事地把棋子、棋盘等收拾完毕,这才平静地告诉大家:"皇帝赐下了敕书,赐我一死。"然后端起那杯毒酒,随即又幽默地对众宾客说:"我这样的酒,就不能请诸位喝啦!"说罢,将毒酒一饮而尽。

见此情形,大家都面面相觑,同时对王景文心生敬佩。

的确,面对被冤屈的死亡,王景文能够做到如此从容不迫,足以说明他面对生活中挫折或失意的乐观态度,这种对待生命的境界是常人所不能够相比的。

有位著名的钢琴家,有一次来到奥地利维也纳的金色音乐厅演出。可是演出开始时,这位钢琴家竟然失望地发现,全场观众很少,还不到半数。看到这种尴尬的情形,连一旁的工作人员都觉得难为情,不知道如何是好。

就在这个关键时刻,这位钢琴家略微调整了下自己不快的情绪,从容镇定地走到舞台前,微笑着对观众说:"我觉得你们维也纳人一定很有钱,也很慷慨,不然你们每个人怎么都买了两个座位的票呢,真阔

*摘编自张笑恒编著《幽默与口才》,北京:北京工业大学出版社.2012年

啊！"

话音刚落，全场欢声雷动起来。

这位钢琴家的勇气和胸襟真的很让人佩服，他用自己的幽默化解了现场尴尬的同时，也疏散了自己心中的失意，最后也难怪能够博得现场的一片掌声了。所以我们相信，如果这位钢琴家下次还有机会去维也纳演出，现场一定会爆满的。

一个阳光灿烂的周末，有个女孩坐在一条长椅上因为不如意的事而黯然神伤。这时，不远处有个小男孩跑了过来，站在她身后哈哈大笑。女孩很奇怪，于是就问那个小男孩："你笑什么呢？什么事这么让你开心？"

小男孩一脸的得意，说："因为刚才我忘了提醒你了，这条长椅的椅背是早晨刚刚漆过的，所以现在，我想看看你站起来时后背是什么样子的。"

本来情绪不好的女孩一听男孩这句话，一下子就被逗乐了。但是她并没有当即站起身，让那个小男孩看她的笑话，而是故意用手一指小男孩身后的方向，大声对他说："你看，那里有很多人在放风筝呢，可热闹了！"小男孩信以为真，马上就把脸转了过去。而就在这个时候，女孩立马迅速地站起身，把外套脱了拿在手里。等小男孩发觉自己受骗而气愤地转过脸时，女孩正笑吟吟地看着他。对此，小男孩无奈地甩甩手，对女孩做了个滑稽的鬼脸，跑开了。

相信这位女孩经过和小男孩的一番幽默"较量"后，原本不快的心情会好了很多。从中我们也不难得出，面对失意，如果我们能运用幽默来忘记所有不愉快的事情，就能尽快地从不良情绪中解脱出来，走出心理误区的阴影，从而能够以积极进取和乐观的精神来面对生活和事业。

当然，除了生活中这些被人捉弄的失意外，很多人在情场上也遭遇过滑铁卢。对此，很少有人真正能做到潇洒。有的人在情场失意后不愿再接触感情，有的人则过于沉湎在过去的恋情回忆中，裹足不前，有的人因不愿再受伤而刻意封闭自己，最终离真爱越来越远。实际上，相较于这些爱情"逃兵"，敢于幽默自己，能够从失意中站起来的才是应该赢得掌声的人。

程勇前不久被心爱的女朋友给"甩"了，所以他心情极度郁闷，动不动就对朋友小刘大倒苦水："女人是天底下最坏的东西！她们的心肠就是毒药，我劝你以后不要再接近女人了！"

几天后，小刘在逛街时惊讶地看到，原来还对女人抱有偏见的程勇，此时正与一位女孩亲密地走在一起，看样子明显是新交了女朋友。于是小刘就走上前揶揄道："老弟，你怎么又和毒药吗在一起？"

"是啊，但是你有所不知，"程勇笑着幽默地对好友解释道，"自从失恋后，我就很悲观，一直想服毒自杀。"

这个故事中的程勇，就很懂得运用幽默来调节自己情场失意的不快情绪，他巧妙用"女人是毒药"和"我一直想服毒自杀"来暗示自己从失恋到再恋的心理转变过程，同时又告诉我们这样一个道理：在恋爱中，一段感情的结束并不代表自己爱情的结束。所以当你遭遇失恋后，一定要收拾好旧的心情，展开灿烂的笑容，期待新的恋情的到来。

由此可见，面对生活中众多的失意之事，我们唯有挥动幽默的魔杖，让自己失意不失态，不失形，甚至是不失志，这样才能做到善于调控自己的欲望和心态，从而让人生开出七彩的花朵。

幽默是消除紧张空气的"排气阀"

【幽默你世界】

笑声能最快缩短两人间的距离。面对紧张的场合，我们首先要让情绪平静下来，然后充分利用可以用来创造幽默的人、事或场景进行即兴发挥，从而制造笑声，让弥漫在彼此之间的紧张空气在幽默这个"排气阀"的作用下消失得无影无踪。

假如某日你去坐公交车，当天人特多，因拥挤而争吵的事情屡有发生，不管司机如何扯破了嗓子大喊"不要挤"都无济于事。对此，你不妨大声嚷一句："别挤了！再挤，我就变成相片啦！"这句幽默肯定能换来车厢里人们的笑声，同时大大缓和当时的紧张气氛。

当今是一个竞争激烈、快节奏、高效率的时代，这就不可避免地给很多人带来紧张和压力。当然，适度的精神紧张是必须、有益的，因为这是人们解决问题的必要条件，但是过度的精神紧张，往往容易使情绪激动、恼怒，严重的甚至会导致大脑神经功能紊乱，对身体有损害。所以面对紧张的局面，我们一定要想办法克服紧张、恐惧心理，把自己从这种拘束的气氛中解脱出来；否则，处理不好，不仅会令我们的形象大打折扣，更为糟糕的则可能带来一系列的灾难。如果你能幽默地将紧张情绪化解，那后面的一切就简单多了。

美国著名的五星上将艾森豪威尔，在第二次世界大战期间，有一次视察一支军队时接见了一名士兵。由于这名士兵平生第一次遇到这样重大的场面,因此看起来紧张不安。

见此情形,艾森豪威尔主动微笑着对那名士兵说:"我的孩子,你现在的感觉怎样?"

士兵诚恳地回答道:"报告将军,我感到特别紧张。"

艾森豪威尔笑着说:"哦,是吗?那我们俩可真是想到一块去了,说实话,我也跟你一样,我亲爱的孩子。"

听了艾森豪威尔这句幽默的话语之后,这位士兵紧张的心情很快就放松了下来,之后与艾森豪威尔的谈话也显得自然多了,而且,这位士兵在此次谈话之后,变得激情饱满,在战斗中屡建功勋。*

面对紧张不安的士兵,平易近人的艾森豪威尔将军并没有摆出做将军的架子,而是主动放低身段,用一句幽默的话语使对方消除了紧张情绪,并由此开始愉快的谈话,让士兵领略到了他幽默风趣的品质。由此我们不难看出,无论你是高高在上的领导,还是居于末位的普通老百姓,只要能够在与人交往中巧妙运用幽默,往往就能消除彼此间初次打交道的紧张或恐惧心理,从而创造出一种轻松融洽的氛围。

张诺是某公司销售部经理,一次,在集体会议上,因为与客户部经理方刚的意见不合,他们俩当场吵了起来。张诺毫不客气地指责方刚道:"你们客服部太不负责任了!一碰到客户的责难就让他们直接找我们销售部,这叫什么态度?要是销售之后的工作你们都不愿意做,那我们公司客服部岂不是白养人了吗?"

一听此话,一向盛气凌人的客户部经理方刚拍案而起,反驳道:"我说张经理,你说话可要有点儿良心啊,哪一次你们销售的后期工作不是我们来维护的?你们拿钱走人了,留下烂摊子要我们来收拾,拿提成的时候怎么没想到我们呢?"

---

*摘编自斯蒂芬·安布罗斯著《艾森豪威尔》,武汉:长江文艺出版社,2011年

"这是什么话？没有我们销售部，整个公司怎么运转？没有我们销售人员跑客户，恐怕你们客服部连工资都甭想拿！"张诺毫不退让。

就这样，两人唇枪舌剑，你来我往，争执不休。

见此情形，一直没说话的老总这时开腔了："好了，这场戏就演到这儿！同志们，这就是公司不团结的生动写照，我是特意请他们两位给大家作个示范表演，希望诸位以后以此为训，团结一致，共同为公司的发展努力拼搏……当然，他们两位的表演水平虽说差点儿，但毕竟不是科班出身，情有可原啊！"

话音刚落，会场一阵爆笑，马上就使原本紧张兮兮的气氛缓和了许多。*

这位老总的一席话多么生动有趣！他把张诺和方刚的争吵归结为"演戏"，并以此警告大家，不仅有效缓和了当时剑拔弩张的紧张气氛，而且赢来了众人的笑声。

当然，不止是在工作场合，即便在恋爱中，很多人也都会有一种紧张不安的心情，面对自己心爱的人，往往不知所措。这个时候，你若是懂得运用一些幽默的话语来调节彼此之间这种拘谨的状态，那么肯定会令两人之间的心理距离进一步缩短。

小肖是某大学数学系的博士生，三十出头了，至今还是单身。一个偶然的机会，经人介绍，小肖认识了一位温柔的女孩。两人第一次约会时，那个女孩感觉很紧张，好几次看着他帅气的面孔都欲言又止。对此，小肖是看在眼里，急在心上，因为他也很想找个合适的话题和女孩聊聊天，无奈由于一时紧张，竟然无从说起。

终于，在两人去看电影的路上，女孩鼓起勇气问小肖："你学历这么高，可是我才本科毕业，并且未来在哪里还是未知数，你真的对这些不介意？"小肖听后笑了笑，轻声回答道："绝对不介意！现在这社会，

---

*摘编自严家明著《今天，你微笑了吗》，北京：机械工业出版社，2010年

学历不是最主要的，主要是看能力。要说未来在哪里还是未知数，那更无所谓了，因为我是专门研究数学的，生来就喜欢探究并解答未知数。"

听完这番话后，女孩被逗得掩嘴笑了，她顿时感觉心情放松了很多，于是就主动拉起小肖的手，高高兴兴地朝电影院走去。

故事中的小肖的确很具有幽默感，面对女友的疑虑，他巧妙地将自己的专业与现实结合起来，不仅消除了对方的担忧，而且用笑声把弥漫在两人之间的紧张气氛一扫而光。所以从这一点来说，幽默是一种智慧的表现，具有幽默感的人到处都受欢迎，因为他总能通过幽默化解掉人际交往中的紧张气氛，从而令自己心情放松的同时也给别人带来快乐。

幽默的自嘲能改变不良情绪

【幽默你世界】

使用幽默式的自嘲，重点在于剥离自我，把自己当成别人去评论和奚落。特别是当别人在攻击你的时候，如果你极力辩解和防御，往往就会显得很苍白无力。这个时候你不妨反过来加入攻击者的队伍，甚至在敌人攻击你的弱点之前自嘲自己的弱点，这样就会让对方不好意思再去攻击你。

比如，有人讽刺你说话大舌头，嘲笑你道："把舌头捋直了再说话！"对此，你可以用夸张的语调风趣地自嘲："我也想捋直，不过舌头太大了，伸直了嘴里放不下。"

你在与朋友聊天时，有人自恃在健身房锻炼过一段时间，借机向大家炫耀他的腹肌。这个时候你可以说："我也有腹肌，而且是很大一块儿。"然后撩起上衣，给大家看你的啤酒肚。

何谓"自嘲"？顾名思义，自嘲就是运用嘲讽的语言和口气，自己戏弄、贬低或嘲笑自己。但是从自嘲者的本意来看，又并非仅限于自我嘲弄，往往具有"言此意彼"、"表里相悖"的暗示。所以从这一点来说，能够运用幽默来进行自嘲，是一般人很难做到的。因此很多人把自嘲称为幽默的最高境界，其实是有一定道理的。你想，在别人面前用自身的失误甚至是生理缺陷来"开涮"自己，这需要何等豁达、乐观、超脱的心态和胸怀？而也就是因为这个原因，幽默自嘲往往可以把自己内心的郁闷、不满、恼怒等不良情绪给委婉地吐露出来，同时又能从中得到升华，这无疑会更让别人对你刮目相看，钦佩至极。

美国总统杜鲁门是一个幽默专家。有一次，他在会见麦克阿瑟将军的时候，对将军傲慢的言行举止十分不满。尤其是在会见中，麦克阿瑟竟然旁若无人地拿出他的烟斗，装上烟丝，在取出火柴准备划燃时故意停了下来，然后转过头来看着杜鲁门总统，明知故问道："我抽烟，你不会介意吧？"很显然，麦克阿瑟不是在真心征求杜鲁门的意见，而在他已经作好抽烟准备的情况下，如果杜鲁门说自己介意，必然显得粗鲁和霸道。

面对麦克阿瑟这种缺乏礼貌的傲慢举动，杜鲁门脸上有些挂不住，同时心里也有些恼火。但是他并没有当着对方的面把这种不愉快的情绪给发泄出来，而是盯了麦克阿瑟一眼后，用自嘲的口吻风趣地调侃道："抽吧，将军，要知道，别人喷到我脸上的烟雾，要比喷在其他任何一个美国人脸上的都要多得多。"*

面对麦克阿瑟有意给自己制造的难堪，机智的杜鲁门总统并没有针尖对麦芒地硬碰，而是巧妙运用自嘲，使自尊心受到了保护，不至于失去平衡，同时还体现出自己的大度胸怀，让原本傲慢的麦克阿瑟将军迅速对他产生了敬畏。

在人际交往中，当对方有意或者无意触犯了你，把你置于尴尬的境地时，你也可以借助幽默的自嘲来摆脱窘境，这样在很快排除不快情绪的同时，也会让对方由此对你的大度和豁达刮目相看。

与杜鲁门相比，林肯总统在自嘲方面也堪称高手。

有一次，林肯在路上散步时遇到一位老妇人，老妇人毫不留情面地嘲笑他道："先生，你是我见过的长相最丑陋的人。"

---

*摘编自江乐兴著《心理掌控术》，北京：北京工业大学出版社．2009年

看到面前这位素不相识的陌生老太竟然对自己的长相如此取笑,作为总统,林肯心里难免有些不快,但是他并没有发火,而是立即笑着回答道:"夫人,你得体谅我,长成这样我也是身不由己啊!"

这句话马上就把那位老太给逗乐了,并且再也不好意思说什么。*

林肯总统没有因为这位老妇人的无理而加以指责和反击,而是以这句看似无奈的幽默自嘲给这段不愉快的对话画上了句号。由此我们不难看出,正是因为自身有着良好的修养,林肯才能做到面不改色地嘲笑自己的外貌,并以此把内心的不快情绪转化为笑声,让别人深切感受到了他潇洒不羁、豁达的交际魅力。

李涛是某公司职员,因为家庭条件不太好,长得也不帅,三十好几了还没结婚。对此,当有同事责怪他眼光太高、择偶太挑剔的时候,李涛故意装作一副委屈的样子自嘲道:"哈,你们说到哪儿去了,瞧瞧俺这德行,论人样儿,属于'三等残废',论家境,俺是'第三世界',我哪还敢挑剔啊?!"

这几句自嘲语不仅引来了大家的一片笑声,而且大家还都对李涛的这番"苦衷"产生了几分同情。

李涛在面对同事们的误解时,不但没有大发脾气,把自己内心的坏情绪给宣泄出来,反而保持乐观的心境,采用自嘲的口吻,故意揭自己的"丑陋"和"拮据",借以巧妙地向大家暗示出至今未婚的真正原因,从而达到为自己"正名"的目的。这种高明的说辞,比起那种直言不讳地表白自己,或者直截了当地驳斥对方,更显委婉达意、巧妙得体。

有位老教授一次到某高校演讲,由于演讲当天,该校校园内还有一场艺术团的汇报表演,所以当时到场听讲座的学生并不多,很多座位都空着,甚至门口还有一些学生在徘徊,似乎随时准备离开。

见此情形,老教授心里自然不甚愉快,但是面对台下的学生们,他

---

*摘编自卡耐基著《林肯传》,南京:译林出版社.2010年

并没有将自己不快的情绪给表现出来，而是微笑着说："我想问一下诸位，你们身边的空位是不是给其他同学占的座啊？不然门口怎么也围着一些同学？当然，门口那些同学很是热情，刚才我进场的时候，就充分感受到了一种众星捧月般的尊重。你们宁愿站着也想听我这个老头子的讲座，我真是备感荣幸，在老头子和少男少女之间，你们选择了我这个老头子，我谢谢大家了！"

一听此话，门口那些徘徊的学生感觉很不好意思，于是便都进场坐下了。可想而知，这位老教授接下来的演讲一定进行得非常顺利。

这位老教授巧妙地以年龄进行自嘲，不仅让学生们感受到他的幽默风趣，同时也让一场本来听众寥寥无几的演讲变得生动起来。这种高明的开场白，无疑既让自己免除了尴尬，同时又不会伤害他人的感情，可谓一举两得。

总之，当你在工作和生活中遇到不公正的待遇或不合理的评价时；当你在交际交往中被人置于尴尬的窘境时；当你被人误解而心怀不满时……你不妨审时度势，大胆拿起自嘲的幽默武器，来平衡即将失控的情绪，这样往往不仅能够巧妙化解彼此间的不快气氛，而且还能显示出你乐观、超脱的胸怀，从而升华情绪，让人对你敬佩三分。

幽默是减轻痛苦的最佳武器

【幽默你世界】

运用幽默的武器来减轻心理上的痛苦情绪，主要就是要求我们要以风趣、别样的思考方式来正视痛苦的根源，从而做到轻松面对，乐观向前。

比如，某日有人去医院检查身体，等结果出来后，医生非常悲哀地对他说："你的身体简直糟透了，你腿里有水，肾里有石，动脉里有……"面对这种无比糟糕的身体状况，他笑着对医生说："请问我脑子里有沙子吗？要是有的话，我明天就可以盖房子了。"面对困境，你完全可以像这个人一样以幽默的方式摆出一种乐观的姿态。

生活中，挫折和失败是常有的事，所以我们总要经历痛苦，有时即便痛苦弥合了也会留下一道永不消失的疤痕。而面对痛苦，很多人都会感到无所适从，常被忧愁的情绪所困扰。在这种情况下，假如你拥有幽默，也就具有了随环境变化而不断加以调节自我心理的有力武器，换句话说，即可以利用幽默来减轻生活中因失败带来的痛苦。

实际上，很多科学研究也表明，欢乐和笑能够刺激人脑产生一种使人兴奋的荷尔蒙。这种物质一方面能促进身体增加抵御疾病的能力，另一方面还能刺激人体分泌一种自然的镇静剂——因多芬。在这种荷尔蒙的作用下，人的痛苦就会减轻。所以从这一点来说，面对痛苦，以幽默来轻松化解，不仅可以使人拥有阳光乐观的心理，而且还能促进身体的健康，减少疾病的趁虚而入。

有个人很不幸患上了盲肠炎，去医院看病，医生对他实施了手术，把盲肠给割掉了。但是手术痊愈后，这位患者还是经常感到小腹疼痛，于是又去医院检查，原来是那位粗心的医生把手术剪刀留在里面了。无奈，这位患者又被重新开刀。岂料，手术后，他还是感到腹中气胀，又一检查，那位医生竟然又把纱布给遗忘在他肚子里了。

对此，这位病人很是气愤，在最后一次爬上手术台的时候，他对那位医生说："你要是还没有把握这次是否再在我肚子里落下什么东西，干脆你在我肚子上装个拉链算了，这样以后更方便！"

你看，这位病人是多么不幸啊，本来自己患盲肠炎已经够痛苦的了，可是又偏偏遇到一位不负责任的医生，一连做了好几次无辜的手术。这要是换了别人，恐怕早已痛苦不堪，气愤之极，把那位庸医给告上法庭，可是他却并没有这样做，而是选择了用幽默来调侃医生的失误，以乐观的心态来积极面对痛苦的手术。

当然，生活中能够让我们痛苦的还远不止身体疾病所带来的困扰，相反，更多的则是来自于挫折与失败所产生的郁闷和焦虑。对此我们同样可以用幽默和乐观来对待，这样往往能将这种心理上的痛苦对自己的伤害降到最低。

1914年，著名的发明家爱迪生不幸遇到了一场灾难：他在新泽西州某市的一家工厂失火了，厂子里将近一百万美元的设备和大部分研究成果都被烧得干干净净。

第二天，这位六十七岁的发明家在他的希望与理想化为灰烬后，来到火灾现场。围观的人们都用同情和怜悯的眼光看着他，甚至还有人猜测，面对这巨大的损失和打击，这位大发明家肯定会痛哭流涕。岂料，爱迪生面对众人，平静地说："灾难也有好处，它把我们所有的错误都烧光了，现在可以重新开始。"

爱迪生这种积极而超俗的乐观心态和与众不同的思维方式，的确让人为之赞叹。而实际上，面对如此打击，爱迪生心里能不痛苦吗？肯定会的，但是他也深深懂得这样一个道理，既然灾难已经发生，再痛苦后悔又有什么用？与其如此，不如笑看挫折，从中吸取教训，争取以后做得更好。也就是因为这种幽默乐观的思想，使得这位大发明家在事业上不为失败所打倒，步步迈向成功。从中我们也不难感悟到，面对苦痛，如果你能以欢笑来作为止痛剂，那么往往不仅可以从中得到乐趣，而且还能适当地使自己的心境处于超然状态。这种在沉重打击面前仍旧坦然处之的积极心态，最后必定能够战胜沮丧，把坎坷崎岖之途转化为通往胜利的康庄大道。

考夫曼是20世纪美国著名的作家，他凭借自己出色的作品，年纪轻轻就挣到了一万美元，这在当时的社会是一笔为数不小的巨款。为了让这一万元产生效益，考夫曼接受了自己的朋友、悲剧演员马克的建议，把钱全部都投到了股票上。但结果却出人意料，因为1929年的经济大危机，考夫曼的一万元转瞬之间就变成了废纸。

面对这样的窘境，考夫曼却并没有表现出痛苦万分的样子，相反，他很看得开，风趣地对朋友说："唉，马克不愧是专演悲剧的，任何人听他的话把钱拿去投资，都活该泡汤！"

实际上，大家心里都很明白，导致考夫曼投资失败的根本原因并非马克是个悲剧演员，而是美国的经济危机。但是考夫曼却幽默地把原因推到马克身上，其实并不是有意指责对方，而是借机埋怨，以苦中作乐的方式来积极面对自己所遭遇的损失。确实，面对挫折、失败，愤世嫉俗或者牢骚满腹都无济于事，只有摆正心态，拿得起、放得下，才能有效解除这些不良情绪所带来的痛苦。

有对很苦命的夫妻住在一个偏远的小山村里，丈夫双目失明，妻子双腿瘫痪。一年年过去了，夫妻俩相依为命，辛勤劳作，虽说日子过得不算富裕，但总有一种幸福的感觉围绕在他们之间。

有人问他们:"为什么你们能够如此幸福?"丈夫听到这样的问话后,淡淡一笑,然后带着快乐的满足感回答:"正因为我双目失明,所以才能完整地拥有她的双眼。"而妻子的回答与丈夫竟然是惊人地相似:"正因为我双腿瘫痪,所以才能完整地拥有他的双腿。"

大家看,这对夫妻,面对各自的身体残疾,却并不以此自卑、痛苦,反而乐观看待,珍惜眼前的一切,体味平凡的幸福,这种心灵境界无论是从对待生活的态度上来讲,还是从对待爱情上来说,无疑都是非常超脱、豁达的。

中国有句俗语,叫"黄连树下弹琴——苦中作乐",讲的就是一种面对生活中挫折和失败的高境界。所以面对各种纷至沓来的痛苦,我们大可不必再加重心理负担,一味地沉湎在不良情绪中。你不妨试着以幽默来苦中作乐,结果往往能够把痛苦的感受降至最低,甚至把它转化为奋进的动力。

幽默可以缓解心理疲劳

【幽默你世界】

运用幽默来缓解疲劳时，我们要注意内容上的趣味性和说服性；否则，毫无生机的幽默必然引不起别人的兴趣，同时也不能从心底里发出微笑，缓解疲劳。

假如你和女朋友一起逛街，两人走得很疲惫。这个时候女友忽然对你抱怨说："哎呀，我的脚好酸哦，太累人，走不动了。"对此，你不妨笑着对她打趣道："怎么了？亲爱的，你是不是踩到柠檬了？"

当你和一帮男同事在工作之余讨论美女时，有人感慨："唉，其实美女看多了也都差不多，都那么几个模样。"对此，你不妨插嘴道："这有什么可奇怪的，没听说过托尔斯泰的那句名言吗？幸福的家庭大多雷同，不幸的家庭却各有不同……这道理用在女人身上同样合适，漂亮的女人大多相似，难看的女人却各有不同。"

生活中，我们经常听到身边有不少朋友这样抱怨道："唉，真是太累了！什么时候才能彻底放松自己，过自己想要的生活？"的确，随着现代社会生活节奏的日益加快，人们承受的各种压力也越来越大，处于其间，难免会觉得力不从心，不知不觉中感到身心疲惫。而这种心理上的变化，势必会带来情绪上的波动，长此以往，恶劣的情绪如果长时间得不到缓解，就很容易产生负面作用，从而导致心理疲惫。此外，这种不良的反应有时候甚至还会影响到我们的身体，严重时出现头疼、胸闷或者茶饭不思等症状。

那么究竟如何才能有效消除身心疲劳感，让我们的心情轻松下来，感受生活的愉悦和美好呢？对此，天子体育集团总裁佩弗曾经这样说过："疲劳时，我会找理由让自己笑一笑。遇到棘手的情况时，我一定会往有趣好笑的地方看，尤其是笑看自己的窘态。愈疲劳，我愈会用幽默来缓解疲劳，然后才凝神处理正事。"由此可见，幽默是有效缓解心理疲劳的一种"慢跑运动"，能从内在化解疲劳。

老赵是一名下岗工人，前不久，为了生计，他与好友老王合伙开了一家豆腐加工店。两人每天起早贪黑地忙碌，非常辛苦。尤其是老赵，经常累得晚上回家后连饭都不想吃。时间一长，老赵就觉得做豆腐生意太累，并且还赚不了大钱，于是就有了散伙不干的想法。对此，老王心知肚明，因此就打算找个合适的机会好好劝劝老友。

一次，两人在闲聊中，老赵又开始对老王埋怨起来："唉，老哥，我觉得如今这豆腐生意的确不太好做，天天累得要死，还赚不了多少钱。"老王笑着拍了拍老赵的肩膀，给他加油打气："老弟，咱俩都是下岗工人，以前在厂子里清闲惯了，所以现在自己干肯定很辛苦……其实我倒是觉得豆腐行业是个好行业，只要好好干，以后有的是钱赚。"

听罢老王的一番言辞，老赵有些不解，他疑惑地问："是个好行业？你说说看，怎么个好法？"老王风趣地对他说："你看，做豆腐生意其实最安全了，做硬了是豆腐干，做稀了是豆腐脑，做薄了是豆腐皮，做没了是豆浆，放臭了就是臭豆腐！你说这样的买卖，能不稳赚不赔吗？"

老王的一席话说得老赵马上不由自主地大笑起来，同时一天的疲劳也在笑声中消失得没了踪影。*

老王真是一个劝慰人的高手，面对好友对豆腐生意的消极态度，几

---

*摘编自金龙编著《幽默人生三十六计》，北京：中国商业出版社，2011年

句话就让对方轻轻松松地放下了思想包袱，并且让他的疲劳感一扫而光。由此可见，幽默的力量有多大！而对于那些长期处于工作疲劳状态中的人来说，更需要这种恰到好处的轻松幽默，在开怀大笑之余浑身也会充满斗志。

小郭是某公司职员，他性格开朗，喜欢说笑。一个周末，公司要求全体员工加班，正当大家疲惫不堪地在办公室工作的时候，小郭的手机突然响了起来，原来是他老婆问新开户存折的密码。

见此情形，同事们都纷纷笑着说："小郭同志，银行密码可不是闹着玩的，你还是去外面说吧，省得我们盗了你的密码。"

小郭胸有成竹地回答说："不怕，即便你们听到也弄不清我的密码是多少。"

一听这话，有几个同事不服气："行，那咱就试试看，你说吧，我们几个非把你的密码给分析出来不可！"说着，一个同事还装模作样地拿过笔准备作记录。

见这阵势，小郭笑了："好，如果你们能把我的密码给破解了，晚上我请你们吃饭。"说罢，他就对着电话跟老婆说道："老婆，你记好了，密码的第一位是咱儿子上次期中考试成绩的最后一位数；第二位是你上周买衣服发票上的第六位数；第三位是咱俩的结婚纪念日；第四位是咱家电脑开机密码的第五位数；第五位是……"

小郭的话还没说完，同事们都故作晕倒状，哈哈大笑起来。就这样，本来死气沉沉的办公室气氛一下子就活跃了起来。

大家看，小郭故意对老婆说的这番"暗语"很是风趣和复杂，不仅绝对有效地击败了打赌的同事，而且还给大家疲惫的加班生活带来了一片开心的大笑。

所以说，当我们感到身心极度疲惫时，一个幽默的笑话往往可以舒缓心情，甚至让我们对本来厌恶透顶的工作充满了乐趣，并鼓起信心去迎接新的挑战。

在一场足球比赛中，主队很不给力，在上半场就输了三个球。这一下让场下众多球迷很受伤，于是呼啦啦一下子走了一大半。看到这种情形，队员们不仅失去了信心，而且感觉到非常疲惫，有的甚至提出中场退出的建议。

就在此时，队长站起来大喊一声："大家要加油啊！下半场我们很有利，因为给我们喝倒彩的观众都走光了！"

一听此话，队员们大笑起来，仿佛身上的劲儿又都回来了一样。

这位队长很是机智聪明，面对上半场就惨败的"战友们"，他知道，队员们此时的疲惫不仅仅是身体上的，更多的是心理上对于比赛结果的灰心丧气。所以面对无精打采的队员，队长在关键时刻运用带有鼓励意味的黑色幽默来变相地为队员们加油鼓劲，让大家在大笑之余也燃起了胜利的希望。

总之，面对日益繁重的工作或学习，我们经常会产生一种疲累感，甚至开始对生活感到厌倦。对此，你不妨恰当地选择幽默来缓解疲劳，这样往往就会让这种来自身体和心理上的不快感一扫而光。

PART 12
演讲谈判的幽默式

让生活不再苦闷,让交际再无障碍,让职场愈发得意,让情场充满欢愉!

幽默的开场白,最能抓住观众的心

【幽默你世界】

演讲伊始,究竟如何巧用幽默来开场?我们不妨以自嘲开路,幽默搭桥,这样可以迅速缩短与听众之间的距离。

比如,你应邀作演讲,开始时,为了提高听众的注意力,你可以这样自嘲说:"大家好,说句心里话,作为一个演讲者,这么多年来我从观众那里只得过两种抱怨:一种是我讲话声音太大了,他们无法入睡;第二种是我讲的时间太长了,他们无法一直清醒。"这句话就委婉地提醒台下的听众:在我接下来的演讲中,你们或者睡觉,或者不睡,都行,只要不打呼噜,我就会一直讲下去。

如果你在演讲中爱忘词,但又觉得拿着演讲稿不太合适,在开场白中不妨这样自嘲说:"亲爱的朋友们,如果你们允许我读我的讲稿,我有三个理由:第一,我记忆力非常差——其他两个原因我记不清了。"

俗话说"万事开头难",作演讲也是这样,开场白很重要。如果你一开始讲话就很严肃、古板,那么接下来的演讲气氛就很难再活跃起来。因为一旦演说者与听众的关系自开始时就疏远,有隔膜,以后肯定不好拉近,所以开场时巧妙运用幽默是非常有必要的,它可以使演讲者与听众都处于轻松的状态,让你三言两语就能抓住听众的心,从而迅速缩短双方的距离。

一位年过五旬的养生专家应邀出席某健康讲座,他是这样进行开场白的:"我的亲朋好友们都羡慕我到了这把年纪还保持着良好的体形,其实这都要归功于我的夫人。因为二十五年前我们俩结婚的时候,我曾经这样对她说:'希望我们以后永远不要争吵,亲爱的。不管遇到什么心烦的事,我绝不和你吵架,我只会到外面去走一走。'所以诸位,今天你们能看到我保持着良好的体形,这是二十五年来我每天都在外面走一走的结果!"

听了这几句开场白,台下的听众都不禁开心地笑了,同时对这位养生专家报以热烈的掌声。

这位养生专家就很懂得抓住听众最感兴趣的问题进行巧妙的发散,通过描述自己体形保持良好的"诀窍",一下子就吸引了大家的注意力,从而为接下来的演讲营造了一派和谐、融洽的氛围。

著名的书画家、国学大师启功先生,一次在给某高校作演讲时,开头这样自我介绍道:"刚才主持人给我封了许多头衔,我实在是不敢当。我们家的祖先原来生活在东北,是满族,古代叫作胡人。所以我今天所讲的都是'胡说',同学们不必太过认真。"

这个轻松的开场幽默马上引得大家都笑出声来,说者和听者的心理距离一下子就拉近了。

1990年,中央电视台邀请台湾著名影视艺术家凌峰先生参加春节联欢晚会。当时,很多观众对他还很陌生,可是当他说完那番妙不可言的自我介绍后,一下子就被观众认同并受到了热烈的欢迎。

他说:"在下凌峰,我和文章不同。虽然我们都获得过'金钟奖'和最佳男歌星称号,但是我以长相难看而出名……一般来说,女观众对我的印象不太好,她们认为我是人比黄花瘦,脸比煤炭黑,但我很温柔。"[*]

凌峰的这番开场白妙趣横生,谑而不虐,让观众们捧腹大笑,同时

---

[*]摘编自邢东编著《人脉就是命脉》,长春:时代文艺出版社,2011年

让他给大家留下了非常坦诚、风趣和幽默的良好印象。由此不难看出，借助幽默的方式，缓解现场的压抑气氛，往往更有利于拉近与观众的距离，让接下来的事情更加好办。

一位大四的班主任在毕业欢送会上给同学们致辞，他一开口就让人丈二和尚摸不着头脑，因为他是这样说的："我原来想祝大家一帆风顺，但仔细想想，这样说不恰当。"

看着台下同学们疑惑的神态，这位老师接着解释道："说人生一帆风顺，就如同祝某人万寿无疆一样，是个美丽而又空洞的谎言。人生漫漫，必然会遇到许多艰难困苦，比如毕业后找工作、买房等等。由此我们不难得出结论：一帆风不顺的人生才是真实的人生，在逆风险浪中拼搏的人生才是最辉煌的人生！祝大家奋力拼搏，玉汝于成！"

老师的话音一落，台下立刻响起雷鸣般的掌声。全班同学都对这位老师如此别出心裁的开场白刮目相看，并心有所悟。

其实，这位老师所运用的幽默技巧就属于典型的"反弹琵琶"。因为在人们的意识里，"一帆风顺"是常见的吉祥祝语，但是这位老师却在此故意曲解其意，从另外一个很新颖很现实的角度诠释出了人生哲理。如此开场，无异于平地惊雷，所以马上就吸引了大家的注意。

台湾赫赫有名的"明星市长"胡志强，2008年7月在厦门大学作题为"文化造市"的主题演讲时，一开始就这样幽默地对观众说："这是我第一次来厦门，第一次来厦大，第一次在大陆演讲。到我这个年纪，'第一次'已经不多了。"这几个简单的"第一次"马上就让大家感受到了这位台湾政治人物对此次访问厦大机会的珍惜，以及胡志强为人的真诚和坦率。

看着台下的观众凝神静气，胡志强紧接着就开始与他们拉近距离，他说："各位给我的热情接待，让我有了回家的感觉。一个人回家以后做的第一件事是什么？"一边说，他一边把西装外套脱去，扔在讲台一边，然后还故意笑着对现场的记者调侃道："你们不要再拍了，我不会继续脱了。"

胡志强这番幽默诙谐、自然大方的话语刚说完，立马就赢得了现场观众的一片掌声。

胡志强的整个开场白循序渐进，步步为营。他巧妙运用幽默不仅在极短的时间里迅速消除了观众们对他这种"敏感型"政治人物的警惕性和隔阂感，而且还充分展示出了自己作为"明星市长"的才智和风范，让大家对他接下来的演讲内容充满了兴趣和期待。

美国著名外交家基辛格，有一次应邀演讲，当主持人介绍完后，听众马上站立，长时间鼓掌。待掌声停歇后，基辛格微笑着开口说："我要感谢你们停止鼓掌，因为要我长时间表示谦虚是很困难的事。"

一听此话，听众们不由得都笑了起来，马上对这位幽默外交家接下来的演讲充满了兴趣。

基辛格这一风趣的开场白，虽然只有寥寥数字，但是却充分表现出了他杰出的语言才能，让听众们对他刮目相看。试想，当时面对听众们的掌声，假如基辛格只是连声说"谢谢！谢谢诸位！"，那么效果肯定就没有这么好了。

总之，好的开头是成功的一半，对于演讲也是一样。枯燥乏味的开场白必然无法勾起听众的兴趣，失败也就成了必然的结果。而幽默的开场，就好比是平地惊雷、奇峰突起，能瞬间调动场上的气氛，从而将演讲成功地进行下去。

幽默的结尾,让你的演讲锦上添花

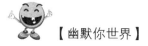【幽默你世界】

怎样才能做到巧用幽默来作为演讲的结尾?这里面的关键在于结束语的风趣动人、别出心裁,同时又精练无比,绝不拖泥带水。

比如,当你在即将结束自己的演讲时,不妨先不慌不忙地穿上外套,戴上帽子,套上手套,然后温文尔雅地用诙谐的口吻对听众说:"先生们,女士们,我已经结束了自己的演讲,而你们呢?"相信以这种幽默的方式来结束演讲,肯定会赢得笑声,给听众留下愉快美好的回忆。

演讲的结尾至关重要,这就好比俗话说的"编筐编篓,重在收口;描龙画凤,难在点睛"。而演讲的结尾就是"收口"、"点睛",这一步你做得够不够好,往往决定着演讲的成败。那么我们到底该怎样来安排演讲的结尾?对此,美国著名演说家乔治·柯赫曾经这样说过:"当你说再见时,你必须使听众微笑。"由此可见,运用幽默艺术来作为演讲的结尾不失为一个好办法,它能使演讲者在结束时赢得笑声,给听众留下愉快美好的回忆。

我国著名文学家老舍先生是个幽默的人。一次,他在某市的一次演讲中,一开头就说:"我今天给大家谈六个问题。"接着,他一条一条地将前面的五个问题井然有序地谈了下去。可是他在谈完第五个问题时,发现离散会的时间快到了,于是就提高嗓门,一本正经地说:"第六,散会。"刚开始,听众都听得一愣,不久后回过神来,都热烈欢快地鼓起掌来。

面对即将散场而自己的第六个问题还没讲完的尴尬,聪明机智的老舍先生并没有表现出丝毫的慌乱,而是保持冷静,以简短的四个字"第六,散会",作为这次演讲的结束语,不仅让听众觉得出乎意料,富有新意,而且又收到了幽默的效果。

曾经参加过美国内战的士兵约翰·爱伦,有一次在竞选国会议员时,意外地遇到了一位旗鼓相当的对手陶克将军。与爱伦一样,陶克将军也曾经参加过内战,并有着卓越的功勋,此外,他还曾经任过数届国会议员。

当发表竞选演讲时,陶克将军在演讲的结尾这样侃侃而谈道:"诸位亲爱的同胞,记得就在十七年前的昨夜,我曾经带兵在山上与敌人经过激烈的血战,并在树丛中睡了一晚。所以如果诸位没有忘记那次艰苦卓绝的战斗,在这次预选时,请不要忘记那个吃尽苦头、风餐露宿且具有伟大战绩的人!"

听罢陶克将军这番诚挚的言辞,听众们的心都被深深打动了。但是接下来爱伦在演讲结尾时的一番话,却轻而易举地就把陶克将军动人的演讲给击垮了。他幽默地调侃道:"同胞们,陶克将军说得不错,他的确在那场战争中享有盛名,功不可没。但你们或许不知道,那个时候我就在他手下做一名无名小兵,代他出生入死、冲锋陷阵还不算,当他在树丛中安睡时,我却拿着武器,直立荒郊,饱尝寒风冷露地保护他。诸位,你们好好想一想当时的情景,如果是同情陶克将军的,当然应选举他;反之,如果是同情我的,我可以说对于诸位的推选当之无愧!"

爱伦的这几句话立刻就把听众的心给征服了,大家在会心一笑之余,立刻争先恐后地为其投票,不久就把他拥进了国会,并名扬全国。

竞选演讲台上,面对居功自傲的强劲对手,聪明的爱伦并没有胆怯,而是巧妙又风趣地顺着陶克将军的话说下去,采用"以小衬大"的方式,委婉地说明了自己当时在内战中是如何地饱尝艰辛。如此实事求是的一番说辞自然深深地打动了听众的心，让人们充分感受到了战场上一个无名小卒的苦衷和乐观。所以最终听众们都心怀感动，纷纷选举爱伦来做国会议员。

由此可见，使用风趣幽默的语言为演讲结尾，有时候不仅能博得听众一笑，甚至还可以大大提升人们对你的好感，只要你懂得适时地在幽默中加入真诚的成分。

2008年6月18日，国务院副总理王岐山，在第四次中美战略经济对话结束后的一场晚宴上，发表了四十分钟的即兴演讲，他的幽默口才很快就折服了在座的每一位美国客人。

在演讲结尾，除了邀请美国企业家到中国抓住战略经济对话成果的巨大商机外，王岐山还欢迎美国朋友来北京观看奥运会。他说："欢迎美国朋友来我们中国观看北京奥运会，如果在座的诸位实在没法去北京，那一定要在电视前看奥运会，为美国和全世界的运动员加油。当然，如果你们没有门票，可以找我；如果找不到旅馆，我们的旅游局长邵琪伟就在这里；如果大家吃东西病从口入，可以找我们的质监局长李长江……"

王岐山这番幽默风趣的结束语，马上让全场笑翻。

王岐山在这次演讲的结尾，可以说是极为洒脱诙谐，妙趣横生，难怪让全场笑翻。如此精彩的演讲结尾，既委婉地向美国友人推销了北京奥运，同时又在谈笑间展现了一个中国领导人幽默自信的外交风采，真可以说是极富情趣且令人叹服。所以说，以风趣幽默的言语作为结束语，在笑声中结束演讲，就好比在丰盛的大餐过后，为客人奉上一道美味的甜点，妙不可言。

总之，在各种各样的演讲结束语中，幽默式可以说是极有情趣的一种。一个演讲者若能够在演讲结束时赢得笑声，不仅是自己演讲技巧十分成熟的表现，更能给听众留下深刻而又美好的印象，让人回味无穷。

临场突遭意外，可用幽默解围

【幽默你世界】

作为演讲的最高境界，面对意外情况幽默地临场发挥，并非难事。下面我们就推荐几种方法供大家借鉴：

强化法。即把轻松的事态煞有其事地描绘成严重。比如，当你演讲快结束时，有人忽然问你一个很复杂的问题，并且这个问题一时半会儿也解释不清，这个时候你就可以微笑着说："你是不想让我回家吃饭了？"

怪问怪答。对于演讲中别人所提出的荒谬的怪问，你不妨使用巧设条件给予解答。比如，有人问你："二加三在什么情况下不等于五？"你可以这样回答："如果一加二不等于三，那么二加三也就不会等于五。"

歪问歪答。比如，你在做某保健品健康讲座的时候，有听众发难："请问，你们是不是骗人的？"你不妨笑着回答说："我们是光明正大的'骗子'！政府不仅允许我们'骗人'，而且还号召更多的人'受骗'。"

有人说，在演讲中，能够做到临场发挥，是演讲的最高境界。这话有一定的道理，因为作为演讲本身来说，其不仅是现代人际交往的特殊方式，更是一种群众性集体活动，而在演讲中可能出现各种各样的意外情况，比如多媒体仪器出现故障、现场个别观众因观点不同提出质疑等等。作为唯一掌控现场的演讲者，面对这些突如其来的意外情形，必然要寻找一种常用而有效的"武器"来灵活应对；否则，处理不当，不仅会使你的演讲无法取得圆满成功，甚至还会使听众对你的印象大打折扣。

那么究竟什么样的"武器"才能真正有效应对临场的意外呢？毋庸置疑，还是幽默。

马云是当今叱咤商界的风云人物，他本人就非常善于演讲，并善于运用幽默来巧妙转换话题。有一次，马云应邀到某大学演讲，其间有位大学生冷不丁站起来大声质问马云："您认为成功是什么？"

这可是一个棘手的问题，因为对于像马云这样被大家公认和追捧的成功人士，虽然对于成功有自己的体验，但是如果要讲述自己的成功经历，难免有自夸的嫌疑。思考片刻之后，马云微笑着对那位大学生说："对不起，我不知道成功是什么，但我知道失败是什么，失败就是放弃。要成功就永远不要放弃，所以基本上我每次一有成功的感觉时就倒霉了。"

听罢这句有趣的调侃之辞，台下的学生们立刻就被逗笑了，同时都对马云这种"偷梁换柱"的回答感到无比钦佩。*

面对那位大学生的"刁难"之问，睿智的马云并没有侃侃而谈自己作为成功人士的"骄傲"，反而巧妙地以"失败就是放弃"来委婉说明成功的定义，如此绝妙的引导方式，不能不说高明至极。

2006年10月25日，法国前总统希拉克对中国进行国事访问，随后在北京大学进行题为《中法伙伴关系：一个为了和平与进步的雄心》的演讲。演讲中，麦克风忽然出现一点故障。见此情形，现场的组织人员很是紧张，不知道怎么办才好。而希拉克对此却毫不介意，先是像孩子般做了一个顽皮的鬼脸，然后耸耸肩笑着说："这可不关我的事，我没碰它。"

一句话引来全场听众的笑声和掌声，尴尬气氛顿时消散。

在这种重大的外交场合，忽然遭遇麦克风出故障的尴尬，作为一国

---

*摘编自任雪峰著《我的成功不是偶然》，北京：中国画报出版社．2010年

总统，七十四岁的希拉克不仅没有当场恼怒，反而巧用幽默来化解了窘境，这种临场发挥的智慧真是让人敬佩。所以演讲结束后，北大的学生们一提起希拉克，都不无赞叹地说："没想到这位总统如此幽默和平易近人，真是不错。"

我国著名学者林语堂先生，一次在美国哥伦比亚大学讲授中国文化课时，对中国文化大加赞誉。这时，一位美国女学生不服气地问："林博士，你是说，什么东西都是你们中国的好，难道我们美国没有一样东西比得上中国的吗？"

这是一个很不好回答的问题，如果林语堂反过来赞扬美国，势必不利于演说的主题，而若是严肃地表示美国不如中国，则会引起在座美国学生的敌意。所以林语堂只是轻松地回答："有的，你们美国的抽水马桶，就比我们中国的好嘛。"

他的话立刻引起哄堂大笑，现场气氛顿时活跃而和谐，而那位发问的美国女学生一时间也无话可说。

林语堂先生面对演讲中美国女学生的异议，没有漠然置之，更没有推翻自己之前的说法，而是巧妙地用一句"你们美国的抽水马桶就比我们中国的好"来给予恰当的处理，从而给自己顺利解围，并且使后面的演讲得以顺利进行。

凯升是美国的一位政界要员，当他第一次在众议院发表演说时，由于打扮得比较土气，被有些听众讥笑，甚至有个粗鲁的议员在他演讲时插嘴说："这位伊利诺伊州来的人，口袋里一定装满了麦子呢！"众人听了哄堂大笑。

而凯升却不慌不忙地回答说："这位先生，你说得很对，其实我不仅仅口袋里装满了麦子，而且头发里还藏着许多菜籽呢！我们住在西部的人，多数是土头土脑的。"他的这几句自嘲式的坦率的话马上就赢得了大家的好感和敬意。接着，凯升又大声说："不过我们藏的虽是麦子和菜籽，却能长出很好的苗子来！"

面对这位不卑不亢的演说者有趣的说辞，台下的听众纷纷鼓掌赞赏。就这样，凯升在众议院的首次演说中取得了决定性的胜利。*

中国有句俗话，叫"众口难调"。同样的道理，你的演说往往很难让在场的每一个人都感到满意，所以一旦在演讲过程中出现意外情况，你一定要学会运用富于幽默的言语将矛盾轻松化解，这样一来，那些看似不顺心的意外就会变成为你的演讲加分添彩的契机。

英国前首相威尔逊曾经在一次政治演讲中受到严重干扰。当时，他正在台上声情并茂地宣讲自己的政治主张，忽然，鸦雀无声的台下传来一声叫骂："狗屎！垃圾！"顿时，台上台下一片紧张。

在这关键时刻，威尔逊急中生智，不慌不忙地微笑着说："这位先生，请您稍安勿躁。我马上就会讲到你所提出的关于环保的问题。"

听了这句包含幽默的话，台下的听众都露出了会心的微笑，演讲继续进行。

你看，面对持有不同政见的听众的当众辱骂，威尔逊既没有视而不见，也没有"以牙还牙"地骂回去，而是"顺水推舟"、"将计就计"地利用幽默进行反击，把"垃圾"和"狗屎"两词曲解成相关的"环保问题"，可谓高明。

作为一个演讲者，面对现场的意外时，如果你手忙脚乱，不知所措，就会使得现场陷入尴尬。在这种情况下，如果你能巧妙利用意外情况，"化被动为主动"，展示自己的幽默和大度，就不仅能顺利化解意外，还会大大提升观众对你的信任度，从而让意外变成演讲成功的推动力。

*摘编自金和著《幽默金口才》，北京：中国纺织出版社，2006年

用幽默营造谈判前的友好气氛

【幽默你世界】

运用幽默来营造正式谈判前的良好气氛,主要有两种方式:

1.利用当时的情景作为幽默的话题。比如当你在大热天与某客户谈判时,一进门,你不妨边擦汗边微笑着对对方说:"唉,今天老天爷的火气真大,刚才我在汽车盖上打了个鸡蛋,竟然不一会儿就煎熟了!"

2.事先摸清谈判对手的情况,从他最关心的方面入手。比如你想向某客户推销保健器材,在正式会见对方之前就得知,对方非常孝顺,对父母的健康很在意,而且只要认准了产品就不会在价格上斤斤计较,鉴于这一点,你不妨在见到这位客户时,满怀真诚地对他说:"××总,听说您的母亲就要过七十大寿了,人生七十古来稀啊,不过以您母亲的身体状况,就是再活七十年也绝对没问题!"对方一听此话,肯定心花怒放,这个时候你就可以趁机大讲所推销的保健器材对老年人身体健康的好处了。

我们知道,与人交往,见面寒暄打招呼是必不可少的一步,它往往能使本不相识的人相互认识,使不熟悉的人相互熟悉,使单调的气氛活跃起来。而在谈判正式开始之前,这种寒暄客套也是非常重要的,假如你能巧妙利用幽默来为谈判提前架设桥梁,那么往往就有助于气氛的融洽,有助于接下来商谈整体气氛的营造。

胡建是某外贸公司的总经理，一次，他与某客户进行重要的商业谈判，因为双方在以前从未有过任何接触，所以彼此一见面气氛自然就显得十分沉闷。就在这个时候，机智的胡建笑着对客户说："李总，听说你是属虎的，那你的厂在你的领导下肯定是虎虎有生气啊！"一听此话，客户脸上露出了笑容，赶紧应声道："谢谢，借你吉言。唉，虽然我属虎，可是一回到家，就很难有虎威可以施展了。""哦，那是为什么呀？""我和我的夫人属相相克啊，我被降住了！""那你妻子……""她属武松！"

听了这番有趣的对话，在场的人都不禁被逗乐了，沉闷的气氛很快就缓和了下来。*

在这里，作为即将开始谈判的当事人，胡建和客户其实都想摆脱初次见面的沉闷气氛，所以当胡建用属相来风趣地赞赏客户时，客户也心知肚明，及时地用幽默来回应，虽然有些刻意为之，但是却对于营造友好、轻松的谈话气氛起到了至关重要的作用。由此可见，以幽默为谈判提前创造良好气氛，就能很迅速地使双方都处于精神松弛、心情愉快的良好状态，从而为下一步的成功谈判打好基础。

赵先生是某进口公司谈判员，一次，他乘飞机到英国，准备与那里的某公司负责人就某一建筑机械设备问题进行谈判。一踏进对方的办公室，赵先生就对那位负责人微笑着说："在这个城市有您这个姓氏的还真不多，下飞机后我查阅资料，发现这个城市乃至整个英国拥有这个姓氏的人并不多，而且彼此之间还存在着较近的血缘关系。由此可见，您这个姓氏，在历史上肯定是贵族姓氏！"

一听这话，这位负责人眼睛一亮，脸上马上露出了微笑，开始与赵先生饶有兴趣地谈起了自己的姓氏起源和特殊含义。就这样，谈判还没开始，双方之间的谈话气氛已经变得轻松愉快起来。

大家看，面对一场即将开始的跨国谈判，赵先生并没有在和英国负

---

*摘编自烨子著《你也能成为风趣高手》，北京：中国纺织出版社，2004年

责人见面的过程中乱了阵脚,也没有开门见山,单刀直入,而是巧妙围绕英国人最关注的姓氏话题,以不露痕迹的恭维之辞引起了对方的谈话兴趣,从而为彼此之间初次见面的良好沟通营造了友好气氛。由此不难想象,在接下来的谈判中,赵先生将会很顺利地取得这次谈判的圆满成功。

第二次世界大战期间,英国首相丘吉尔访问美国寻求物资援助,他一下飞机便受到了美国总统罗斯福的热情招待,并下榻于白宫,准备第二天就开始围绕物资援助的问题与罗斯福进行谈判。

第二天一早,当大腹便便的丘吉尔抽着雪茄,美美地躺在浴盆里,并将肚子露出水面时,门开了,进来的是罗斯福总统。两个世界知名伟人在这种场合下见面,彼此都觉得很尴尬。突然,丘吉尔扔掉雪茄,不慌不忙地一边从浴盆中站起身一边微笑着对罗斯福总统说:"总统先生,我这个英国首相在您面前,可真是一点也没隐瞒啊!"

听了这句很有趣的话,罗斯福总统哈哈大笑起来,马上上前亲热地拉起了丘吉尔的手。最终,在友好的谈判气氛中,丘吉尔顺利地为英国争取到了美国强有力的物资援助。*

其实,丘吉尔在这里使用的是"一语双关"的幽默方式,"我这个英国首相在您面前,可真是一点也没隐瞒啊!"这句话,既符合当时他赤身裸体站在罗斯福面前的情况,同时又委婉地暗示出:这次我的确是怀着诚意前来与您会谈,希望能得到贵国的援助。如此巧妙的幽默暗示,不仅轻松地化解了当时尴尬的现场气氛,同时也为接下来的谈判提前营造好了和谐的氛围。

1986年10月,邓小平会见英国女王伊丽莎白二世和她的丈夫爱丁堡公爵。会谈还没正式开始,邓小平就迎上前去,微笑着对女王说:"见到你很高兴,感谢你大老远跑来看望我这个中国老头子。"而女王也幽

---

*摘编自尚微著《幽默高手的口才训练》,北京:经济管理出版社.2012年

默地回答道:"非常高兴能见到你这位中国老头子。"双方相视一笑,距离顿时拉近了不少。

接着,邓小平又说:"这几天北京的天气很好,这也是对贵宾的欢迎。当然,北京的天气比较干燥,要是能'借'一点伦敦的雾,就更好了。我小时候就听说伦敦有雾。在巴黎时,听说登上巴黎铁塔就可以望见伦敦的雾。我曾经登上过两次,可是很遗憾,天气都不好,没能看到伦敦的雾。"

这时,爱丁堡公爵插话道:"伦敦的雾是工业革命时的产物,现在没有了。"

邓小平风趣地说:"那么,'借'你们的雾就更困难了。"

爱丁堡公爵顺势也幽默地回应道:"可以借点雨给你们,雨比雾好,你们可以借点阳光给我们。"*

邓小平与英国女王及其丈夫之间的这番幽默寒暄非常高雅得体。一方面,邓小平利用当天北京的良好天气来表明对这对英国贵宾的欢迎,同时又以自己在法国的经历,表明了他对雾都伦敦的认识和了解;另一方面,爱丁堡公爵的回答也很风趣,流露出对英国环境治理成效显著的自豪。而至于双方谈话之中的"借雾"、"借雨"、"借阳光"又多少隐含着彼此之间对互通有无的渴望。真是一唱一和,为接下来的会谈创造出了极为友好轻松的气氛。

总之,谈判桌前,努力创造出一种热情友好、轻松愉快的洽谈气氛尤为重要,它可以消除对方的猜疑、警惕或紧张心理,从而为以后双方的诚恳洽谈、互谅互让、友好地达成协议产生重大作用。

---

*摘编自孙景峰著《先做朋友,后做生意》,北京:中央编译出版社,2007年

用幽默抗议谈判对方的不合理要求

【幽默你世界】

谈判桌上,运用幽默来抗议和拒绝对方的不合理要求时,我们不一定非要把自己的意思表明,因为那样往往会让现场气氛陷入尴尬。对此,你不妨利用对方的话来委婉拒绝,即合理地从对方的话语里引出一个合乎逻辑的相同问题,巧踢"回旋球",这样就能让他"哑巴吃黄连——有苦说不出"。

比如,当你在与某客户谈判时,对方竟然拐弯抹角地向你打探你们公司的内部机密,这个时候,你可以故作耳语状,低声对他说:"这是一个机密问题,你能替我保密吗?"对方肯定连忙点头,你则可以趁机回答说:"你能保密,那我同样也能!"

我国著名幽默大师林语堂曾经这样说过:"在第二次世界大战前,如果各国都派幽默高手来谈判,那么就可以避免战争的发生。"的确,在谈判桌上,有人固持己见,坚持明显不正确不合理的要求,这种情况是在所难免的。对此,如果你针尖对麦芒地与其争执,往往就会让谈判陷入僵局,甚至会引发不必要的大冲突。因此我们不妨打破常规思维,适当运用幽默的语言,来避免和消除这种尴尬,让对方在发出一笑的同时,明白自己见解的不妥,从而主动让步,最终促使谈判取得圆满成功。

1946年5月,远东国际军事法庭审判以东条英机为首的日本甲级战犯，因为排定座次问题，各个参与国的法官们展开了一场激烈的争论。按理说中国法官理应排在厅长左手的第二把交椅，可是由于当时中国国力不强，被各强权国所否定。

  见此情形，代表中国出庭的法官梅汝璈面对各国据理力争。他首先从正面阐明：排座次应该按照日本投降时各受降国的签字顺序排列，这是唯一正确的原则立场。岂料，在梅汝璈讲完这一正面道理后，其他强权国还是我行我素，坚持要把中国排在末尾。看到这种情形，梅汝璈灵机一动，决定运用幽默战术来搞定这一尴尬局面。只见梅汝璈微微一笑，说道："当然，如果各位同仁不赞成这一排座原则，我们不妨找个体重测量器来，然后以体重大小排座次，体重者居中，体轻者居旁。"

  话音一落，各国法官都忍不住笑了起来。庭长说："你的建议很好，但它只适用于拳击比赛。"

  梅汝璈不慌不忙，接着说："如果你们还是不以受降国签字的顺序来排座的话，那还是按体重排比较好。这样纵使我被排在末位也心安理得，并可以对我的国家有所交代，一旦他们认为我坐在边上不合适，可以派一个比我肥胖的来换我呀。"这话再一次令全场大笑起来。

  面对各国列强蛮不讲理的排座要求，梅汝璈并没有胆怯，而是运用这番十分风趣的幽默很给力地讽刺了列强一把，这个荒唐的提议虽然引人发笑，但是要比正面讲理更有说服效果。

  有段时期，苏联与挪威就购买挪威鲱鱼进行了长时间的谈判。但是在谈判中，挪威人开价高得出奇，甚至到了蛮不讲理的地步。对此，苏联的谈判代表与挪威人进行了艰苦的讨价还价，可对方就是寸步不让。

  无奈之下，苏联政府最后委派著名女谈判家柯伦泰为全权贸易代表。面对挪威人报出的高价，聪明的柯伦泰马上就针锋相对地还了一个合理的价格，这自然让精明的挪威人难以接受，所以谈判没进行多久，就像以往一样陷入了死胡同。

  但是挪威人似乎并不在乎僵局，因为他们很清楚，苏联人要吃鲱鱼，就得找他们买，真可以说是姜太公钓鱼，愿者上钩。但是对于柯伦泰来说，僵局是最糟糕的，拖不起也让不起，并且还要迅速取得成功。

情急之余，机智过人的柯伦泰使用了幽默法来拒绝挪威人提出的不合理价格。她微笑着对对方说："好吧，我同意你们提出的价格。如果我的政府不同意这个价格，我也情愿用自己的工资来支付差额。但是，这自然要分期付款。诸位在座的，都是堂堂的绅士，你们愿意眼睁睁地看着一位女士被逼到这种地步吗？"

柯伦泰的一番话马上就逗笑了挪威人，不过在一笑之余，他们也自觉认识到了自己的错误，于是终于同意将鲱鱼的价格降到一定标准。*

你看，面对一味坚持不合理鲱鱼价格的挪威人，聪明的柯伦泰并没有慌乱，而是用几句幽默就轻轻松松完成了苏联政府前任贸易代表们历尽千辛万苦也未能完成的工作。这种高明的谈判方式真是值得我们认真学习。

有位很吝啬刻薄的大富翁，和五只狼狗住在一栋别墅里。

一天，富翁请了一位很有名气的画家到家里来为他的狗狗们画一幅生活照。他要求画家在他家美丽的花园里，描绘出狗狗们活蹦乱跳的各种神态。于是，画家辛辛苦苦花了几天的时间，在这位富翁家的花园里捕捉到了这五只狗玩耍的动作。

画好了之后，画家将画得很生动逼真的图画拿给富翁看，可是吝啬的富翁却早已打算好了，准备找各种理由挑毛病，借机少付点钱。于是，他拿着画左看右瞧之后，大喊道："哎呀！你怎么没有把狗屋给画上去呢？"

画家一愣："狗屋？可是之前您并没有说要画狗屋啊！"

"狗屋是狗的家，你画了狗，不画它们的家怎么能行？"富翁理直气壮地说。

---

*摘编自王明华编著《你的幽默价值百万》，北京：中国商业出版社，2008年

见此情形，画家明白富翁是故意找碴儿，于是就不动声色地想了想，说："那好，我就把画改一改吧，明天给你送来。"

第二天，画家把修改过的画送来给富翁。可是富翁看罢，又惊叫道："哎呀，这画上怎么只有狗屋，没有狗呢？"

画家镇定自若地回答说："因为我们现在正在盯着它们啊，所以它们就躲进狗屋里不出来了。没事，你先挂在墙上，等过些时候没人注意了，它们自然就出来了。现在，请您按约付款，谢谢。"

这番幽默的解释令富翁无言以对，最后只得乖乖如数付给画家报酬。*

在这个故事中，面对故意耍赖，想少付点钱的吝啬富翁，画家并没有与其针锋相对地争执，而是巧妙运用"以荒唐对荒唐"的幽默，把画上的狗狗全部去掉，最后只画了狗屋。这样既回答了富翁的问题，同时又捍卫了自己的立场，的确不失为一种良策。

总之，在谈判时，对方忽然提出一些不合理的要求，这种情形很常见。对此，我们应该冷静头脑，找到对方的要害，运用轻松幽默的言辞来说服对方，捍卫自己的立场，这样往往就能出奇制胜，取得谈判成功。

*摘编自田伟编著《幽默改变人生全集》，哈尔滨：北方文艺出版社．2006年

巧用幽默能掌握主动权

【幽默你世界】

运用幽默来掌握谈判的主动权,除了前面我们所讲的"以子之矛,攻子之盾"和"以静制动"的方法外,还有一种方法也很不错,即利用诙谐的反语,"欲褒则虚贬,欲贬则虚褒"。

比如,你在饭桌上与某公司就订购他们的一批产品进行谈判,可对方在价格上丝毫不让步,显得非常吝啬。在这个僵持不下的时刻,你不妨故意转移话题,指着桌上的菜微笑着说:"咦,这家餐馆的菜肴,味道是不错,可惜就是盘子太大了!"这样通过说"盘子大"来反衬"菜少"的事实,委婉地暗示对方:既然想合作,就没必要这么小家子气,在价格上斤斤计较。

毋庸置疑,在任何形式的谈判中,只有掌握主动权才能控制谈判进程,使谈判立于不败之地。因此对于那些稳操胜券的主动方来说,一步主动则步步主动。而被动者一旦失去了主动权,往往就会在谈判中被对方牵着鼻子走,最终处于不利的境地。

可是面对实力比自己强的谈判对手,我们怎样才能巧妙改变被动的局面,反败为胜,顺利打开不利局面呢?这就需要我们利用幽默的技巧对对方进行步步引导,从而兵不血刃地在谈判中占据主动地位,达到"制人而不制于人"的效果。

20世纪30年代，英国商人威尔斯向香港茂隆皮箱行订购了300只皮箱，价值港币20万元。当时合同上明明写着：一个月内取货，逾期不能按质量交货，卖方必须赔偿50%的损失。

这笔生意本来是皆大欢喜的，可是让人想不到的是，当茂隆皮箱行经理洪灿如期交货时，狡诈的威尔斯却说，皮箱内层使用了木材，就不能算作是皮箱，因此上诉法院，要求洪灿按照合同约定赔偿损失。面对威尔斯的恶意挑衅，洪灿自然不会吃这个哑巴亏，于是就委托当时香港著名律师罗文锦出庭为他辩护。但是由于当时港英法院对威尔斯的偏袒，以及威尔斯嚣张的气焰，洪灿很快处于被动局面。

见此情形，罗文锦毫不惧色，决定用一个简单有趣的办法来轻松转变这种被动状态。紧接着罗文锦不慌不忙地从口袋里取出一只特大号怀表，高声问法官："法官先生，请问这是什么表？"法官答道："这是英国伦敦出口的名牌金表。可是，这与本案有什么关系呢？""有关系。"罗文锦高举金表，面对法庭上所有的人继续问道："大家毫不怀疑，这是块金表。但是，请问诸位，这块金表除了表壳是镀金的之外，内部的机件难道都是金制的吗？"

这个时候，法官才发觉自己已经不知不觉中了罗文锦事先设好的"圈套"，但是为时已晚。而罗文锦又微笑着接着说："既然没有人否定金表的内部机件可以不是金做的，那么，茂隆行的皮箱案，显然是原告无理取闹、存心敲诈而已！"

一番话，说得法官理屈词穷，最后只得判定威尔斯诬告罪，罚款5000元港币结案。

作为被告洪灿的委托律师，面对嚣张的英国奸商以及法院对其的偏袒，如果罗文锦当时没有用这块金表进行幽默的辩护，那么结果就极有可能难以摆脱被动的不利局面，从而在唇枪舌剑中处于下风。这样一来，无辜的茂隆皮箱行就要付出巨大的经济损失了。

由此我们不难悟出，在针锋相对的谈判过程中，如果对方主动发动

"攻击"，将你置于被动的尴尬境地，那么你不妨冷静头脑，学学罗文锦，运用"以子之矛，攻子之盾"的谋略，以此类推，借敌攻敌，这样往往就可以顺利扭转被动局面，甚至转败为胜。

1918年，第一次世界大战结束后，因为分割领地问题，土耳其与希腊发生了外交冲突。对此，作为希腊的友好盟国英国，决定好好教训土耳其，于是纠集了美国、法国、意大利等国家，集体派出代表前往洛桑与土耳其谈判，试图以这种盛气凌人的方式来逼迫土耳其签订不平等条约。

当时英国派出的谈判代表是大名鼎鼎的外交家刻遵。此人不仅谈判口才一流，而且身材高大，声若洪钟。相比之下，土耳其的谈判代表伊斯美就与刻遵形成了鲜明的对比。因为伊斯美不仅身材矮小，其貌不扬，而且还有点耳背。所以谈判一开始，刻遵根本没把伊斯美放在眼里，处处表现出不可一世的嚣张气焰。与此同时，其他国家的谈判代表也附和刻遵对伊斯美声色俱厉，纷纷表现出一副"狗仗人势"的样子。

但是伊斯美处在这种被人包围的不利形势下，却显得若无其事，从容镇定。更有趣的是，每当静静地听完对手刻遵在谈判桌上大发雷霆的时候，伊斯美总是不慌不忙地伸出右手，靠在耳边，然后把身体移向刻遵，轻声问道："阁下，您刚才说了什么？我还没听明白呢！能不能再重复一遍？"

谁都知道，人的激情是不能重复表演的，除非是演戏，所以刻遵也无法再像刚才那样暴怒，因此面对伊斯美的请求，他只能坐在那里悻悻地咽唾沫。就这样，伊斯美巧妙运用以静制动、以柔克刚的方式，在谈判桌上与各国代表苦苦周旋了三个月，最后终于在维护大英帝国面子的同时，取得了谈判桌上的胜利，成功地维护了土耳其的合法权益。[*]

在这个故事中，伊斯美之所以故意以自己耳背的缺陷，幽默地向谈

---

[*]摘编自胡细明著《会说才有竞争力》，北京：中国纺织出版社，2010年

判对手提出再重复一遍的请求，其实目的就是打消对方嚣张的气焰，让他主动攻击的激情慢慢低落下来。这样一来，伊斯美才有可能先摆脱被动挨骂的尴尬，然后再平心静气地机智地与对手周旋，最终取得了谈判的胜利。

所以从这一点来讲，谈判桌上，遭遇被动场面时，如果你一味地站起身高声与对手雄辩，往往是不明智的，相反，你巧妙地运用幽默，以静制动，甚至适当沉默，有时候却能有利于脱身，退身拿起有效"武器"进行反击。

总之，在谈判中，很多时候我们只需要适时地幽默一下，就能达到起死回生的效果。所以幽默在谈判中起着不可或缺的作用，尤其是当你身处被动之际，运用幽默往往就可以使局面转败为胜。

用幽默回击对方的刁难和攻击

【幽默你世界】

当遭遇被人恶意刁难和人身攻击的尴尬境遇时，我们首先要按捺怒气，冷静思维，不妨顺着对方的思路再通过幽默进行反击。

比如，在谈判中，对方含沙射影地攻击你说："我觉得这世界上最锋利的东西莫过于你的胡子，因为你脸皮这么厚，它们居然还能破皮而出！"对此，你不妨微微一笑，顺着他的话题反击道："可你知道为什么你不长胡子吗？因为你脸皮更厚，连尖锐、锋利的胡子都无法钻破！"如此顺着对手攻击的逻辑来推理，可谓是"后发制人"，由此即能取得幽默的反击效果。

我们都知道，在谈判中，相互尊重是最起码的礼节。不管双方代表在个人身份、地位上有多大差异，或者他们所代表的组织在实力、级别等方面如何强弱悬殊、大小不均，一旦走到谈判席上，就都是平等的。可是在现实生活中，有些谈判代表总是自恃地位高贵或背后实力强大，表现得傲慢无礼，对另一方挖苦攻击，试图在气势上压倒对方，迫其屈服；甚至也有谈判代表自身涵养不好，遇到谈判不顺利时，恼羞成怒，侮辱、谩骂对方等等。

处在这种不利情形下，我们到底该如何有效应对？很显然，如果你以牙还牙地与对方针锋相对，势必会让谈判无疾而终。所以这个时候，我们不妨使用幽默的语言回敬对方的无礼,在刹住其嚣张气焰的同时,做到不辱使命,不失气节。

古代,有个吝啬而又自恃有才学的城里秀才,有一天,他在大街上遇到一个乡下人在卖木柴,于是就打算买一些木柴回家。可是双方经过一番讨价还价后,吝啬的秀才最终还是不满意乡下人给出的价格,坚持以低于市场价很多的价钱来买他的木柴。对此,乡下人有些生气,摆手道:"算了,既然谈不拢价钱,您就去别的地方买吧!"

一听此话,秀才很气恼,并且他一向也很看不起乡下人,于是就想借机奚落对方一番。秀才对乡下人发难道:"请问这位老乡,你有几个令尊?"乡下人佯装不知,反问道:"令尊是什么?"清高的秀才以为乡下人真的不知"令尊"何意,于是就狡黠地一笑:"令尊就是儿子的意思啊!"乡下人不动声色地说:"哦,原来如此,那么请问您有几个令尊?"秀才没有思想准备,一时气得直翻白眼。而那位聪明的乡下人呢,却步步紧逼,看到秀才不说话,就故意装作一副安慰的样子说:"哦,我知道了,原来您膝下无子。不过您别伤心,我倒是有两个儿子,可以过继一个给您当令尊,不知您愿意否?"

乡下人这句话更是让秀才无言以对,最后秀才只好悻悻而去。*

买卖双方因为谈不拢价格,好聚好散,这本是件很平常的事,可是这位自恃有才学的秀才,因为谈判不成,就想恶意捉弄一下乡下人,结果偷鸡不成反蚀把米,被对方顺着"令尊"的话题给大大奚落了一番。如此下场,可谓自食其果。

美国代表团访华时,在会谈中有位官员向周恩来总理提出了一个带有攻击性的问题:"我们美国人都昂着头走路,而你们中国人却喜欢低着头走路,这是为什么呢?"很明显,基辛格的这句话里带有一种高高在上的优越感,含着对自己国家文化的夸耀和对中国人的轻视挖苦。

---

*摘编自李睿著《想出头,先学会低头》,武汉:武汉出版社.2010年

但是睿智的周总理却并没有被基辛格的这个刁难发问给难倒,他哈哈一笑,从容地答道:"很简单,这是因为我们中国人是上山,走上坡路,而你们美国人是下山,走下坡路的缘故。"

听罢这句绵里藏针的话,傲慢的官员顿时红了脸,一句话也回答不上来了。

周总理是世界著名的外交家,他的幽默风趣是出了名的。在这里,面对基辛格的刁难,周总理不愠不火,巧妙地换了一个角度作出了风趣的解释,既有效地回击了对方,又赞美了我国人民的建设事业,得体地维护了我国的尊严。

在谈判场合中,我们往往会遇到一些不可理喻的人,他们会故意拿那些没有任何道理可言的问题来刁难你,让你进退两难。在这种情况下,我们完全可以用幽默的方式来回敬对方,以便在为自己解脱尴尬的同时,让对方意识到自己的失礼之举。

20世纪70年代末期,在一次外贸谈判中,中方外贸代表拒绝了一位红头发的西方外商的无理要求,那家伙顿时恼羞成怒,竟然对中方代表进行人身攻击:"代表先生,我看你皮肤发黄,大概是营养不良造成你思维紊乱吧!"

听到如此无理的人身攻击,中方代表立即反击道:"经理先生,我既不会因为你的皮肤是白色的,就说你严重失血,造成你思维紊乱;也不会因为你的头发是红色的,就说你吸干了他人的血,造成你头脑发昏。"

这句包含幽默的讽刺顿时说得外商面红耳赤,哑口无言。

这位西方外商非常蛮横无理,他在无理要求被拒绝后竟然转身对我方代表进行人身攻击,这实在是极其粗俗的行为。面对这种令人恼火的情形,如果我方代表忍不住怒火与他对骂,不仅会显得和他一样没有素质,而且还会让谈判以失败告终。所以为了避免这两种情形的出现,我方代表就幽默地采用了这种故作否定的方法,在话语中加了多个"不"

来作为否定词，既有力地反击了对方，同时又没有给对方落下话柄，成功地维护了我方的尊严。

有一次，美国总统克林顿被记者围攻。有记者故意这样问道："总统先生，对于媒体对您与莱温斯基小姐的绯闻报道，您作何评价？"

克林顿不慌不忙地微笑着答道："这又有什么！取笑我的话已经被世人说尽了，再也没人能说出新鲜的了！"

一听此话，那位刁难的记者顿时语塞。

克林顿的回答显得尖锐而又圆滑，自嘲中带有反攻的阵势，其意思是说：你们哪个有本事再说出点新花样来？我洗耳恭听便是！试想一下，面对这种窘迫的处境，如果克林顿表现出抵触情绪，或面带怒色地直接拒绝记者的提问，结果会怎样？不用说，结果肯定要糟糕得多！

所以说，谈判桌上，当你遭遇对方的刁难和攻击时，一定要泰然处之，决不能大动肝火或者不知所措，而是要以一种幽默风趣的技巧去应对，这样往往就能化干戈为玉帛，使尴尬处境得到有效化解。